勉強

秋山夕日

南々社

はじめに

僕は広島で15年間、生徒に勉強を教える仕事を続けてきました。最近この仕事から引退することに決め、これまで自分が経験してきたことを本にまとめようと思い、この本を書きました。

15年という僕のキャリアの「長さ」は、このような本を書くのに十分なものではないと思います。しかし、僕のキャリアの「中身」には三つの特徴があり、この本は僕でなければ書けないものになっていると思います。

僕のキャリアの特徴の一つ目は、様々なスタイルで勉強を教えてきたことです。僕のキャリアは浪人生・高校生・中学生の生徒を対象とする塾の講師から始まりました。この塾では集団授業と個別指導を同じくらいの割合で行い、公立高校への出張授業も行いました。そして同じタイプの別の塾の講師をした後、IT企業に入社しました。この会社ではインターネットでの映像授業の配信や、PC教材・スマートフォンアプリ教材の開発などを担当しました。最後にフリーの家庭教師となり、他の塾が実施する試験問題の作成も行いました。

僕のキャリアの特徴の二つ目は、キャリアを通じて教える教科の数を増やし、教える学年も浪人生・高校生から中学生・小学生へと拡げていったことです。最終的に小学生から高校生まで、高校生の理科以外の全ての教科を一人で教えるようになりました。

僕のキャリアの特徴の三つ目は、多くの生徒と、彼らが大学生・大学院生・社会人になっても交流を続け、そこから得たものをその時まさに教えている生徒のために生かそうとし続けたことです。今でも月に一度はかつての生徒の誰かと食事をしていますが、彼らがいなければ、僕が生徒に教えることやその教え方は全く違ったものになっていたと思います。

僕のキャリアに興味を持たれた方は、ぜひこの本を読んでみてください。この本が生徒・保護者・教師など、勉強に関わっている人たちに少しでも役立てば幸いです。

第一部 どのような環境で勉強するか

第一部は生徒が勉強する環境について述べます。
これは第二部・第三部で述べる、
「何をどのように勉強するか」という
勉強の中身と同じくらい重要なものです。

第一章

教える教科の数を増やしていって分かったこと

ある生徒との出会い

「はじめに」で述べたように、僕はキャリアを通じて教える教科の数を増やしていきました。キャリアのスタートとなる一つ目の塾では最初、英語だけを教えていました。

この塾では各教科の講師は、授業をしていない時間帯に個別指導として生徒の質問に答えていたのですが、他の教科に比べて数学は質問に来る生徒が多く、個別指導の待ち時間が長くなりがちでした。

僕は大学の文学部を卒業した、いわゆる「文系」でしたが、専攻が社会学で社会調査のための統計学（※1）を勉強していました。また、数理哲学（※2）や数理論理学（※3）が好きで、専攻とは別に勉強していました。こちらは大学卒業後、現在にいたるまで、専門の学者との個人的な交流や学会への参加を通じて勉強を続けています。要は、僕は大学入学後も数学の勉強を続けていた「文系」だったので、数学の個別指導を待っている生徒に、「僕でよければ聞くけど」と声をかけるようになったのです。

そのようなことが続くうちに事件が起きました。僕が普段、英語を教えていて「英語の勉強をよくするし、よくできるな」と思っていた高校3年生の生徒が、僕の個別指導で初めて数学の質問をしてきたのですが、答えているうちに「これは受験に全く間に合わない。英語を勉強している時間は全て数学に回してよいくらいだ」と思ったのです。もちろん僕も、その生徒が数学を苦手にしていたことはこの事件以前から知っていました。全ての生徒について、全国模試などの成績を全教科について把握していたからです。しかし、実際にその生徒に数学を教えてみると、テストの点数だけからは分からないことが、たった1回の個別指導でたくさん分かったのです。テストの点数だけで生徒の勉強の結果を把握することには他の弊害もあり、これについては第二章で詳しく述べます。

この事件について同僚の数学講師と話し合ったところ、次のようなことが分かりました。当然のことながら彼も、その生徒は数学を勉強する時間を増やすべきだと考えていました。しかし、そのために英語の勉強時間を減らすという発想はありませんでした。それで英語の学力が下がったら元も子もないと考えていたからです。しかし、英語講師の僕は、その生徒が英語の勉強時間をかなり減らしても、英語の学力はほとんど下がらないということが分かっていました。講師間の情報共有の重要性を痛感させられた事件でした。

注釈（※）

1　**統計学**　高校数学の数学ⅠAの「データの分析」、「場合の数」、「確率」、数学ⅡBの「確率分布と統計的な推測」などを含む学問。

2　**数理哲学**　「数学の理論が現実の世界の説明に役立つのはなぜか」などの問題を考える学問。高校数学の数学ⅡBの「微分法」、「積分法」、「数列」、数学Ⅲの「極限」、「微分法」、「微分法の応用」、「積分法」、「積分法の応用」などを含む話題がよく登場する。

3　**数理論理学**　数学の基礎となる論理学。高校数学の数学ⅠAの「集合と命題」、数学ⅡBの「数列」、特に、数学的帰納法などを含む。

情報共有

講師間の情報共有を促進するための、塾の全ての講師が参加するミーティングを定期的に行うことを、僕は塾に提案しました。しかしこれは二つの理由で実現しませんでした。

理由の一つ目は、各講師がそれぞれの授業・個別指導とそれらの準備や、従来のミーティングなどだけで既にオーバーワークだったことです。

理由の二つ目は「他の教科の講師と、教科の内容や勉強法にまで踏み込んで話し合うことは無意味」という考えの講師が複数いたことです。

これらの現実を踏まえて僕がまず始めたことは、仲のよい講師や、塾でチューターのアルバイトをしていた大学生・大学院生と、毎日仕事が終わってから食事をすることでした。その時に生徒の勉強についての情報を共有するようにしました。これをやり出してから、塾全体の合格実績は年々よくなっていきました。

以上のことから、生徒が勉強するのによい環境の条件の一つとして「教師同士の横の連携がとれている」こと、もう少しくだけた言い方で言うと「教師同士の仲がよい」ことが挙げられると思います。これは生徒・保護者が少し気をつけているとすぐに分かることですので、塾選びなどの際のよい基準になると思います。

一人で多くの教科を教える教師

次に僕がとりかかったのは、僕自身が個別指導や補習授業の形で、英語と数学以外の教科も教えていくことでした。生徒からの要望が多かった国語から始め、古文・漢文の補習授業が軌道に乗り出したころ、事件が起きました。国語の正規授業を担当していた講師と、理系の生徒に対する古文・漢文の授業の在り方をめぐって衝突したのです。

その講師は理系の生徒に対しても文系の生徒とほぼ同じ授業をしていました。僕は理系の生徒に対して、センター試験で平均点を取ることだけを目標にした補習授業をしていました。第三部の第一章で詳しく述べるように、僕は大学生のころから、文系と理系の区別に囚われすぎるのはよくないと考えていました。

しかし、理系の生徒は、センター試験には教科・配点として存在しない数学ⅢCをセンター試験対策の勉強と並行して行わなければなりませんでした。僕は自分自身が英語講師をしながら数学ⅢCを含む数学の勉強もしていたので、彼らの大変さがよく分かっていました。そのため、国語講師の正規授業とは異なる補習授業をしていたのです。

国語講師との話し合いは平行線で、塾の校舎長に裁定を預けることになりました。そして、校舎長は僕に、補習授業を止めるように言いました。明確な理由は言われなかったのですが、講師同士が争うことで塾内の雰囲気が悪くなることを恐れたのだと思います。僕も先ほど述べたように、講師同士の横の連携が大切だと考えていたので、この時は引き下がりました。

しかし、一人の講師が多くの教科を教えることは生徒にとってよいことが多いということを、僕はこのころには確信していたので、多くの教科を教えることを自由に追求できる場が欲しいと思うようになりました。そんな時、かつて同僚だったある講師から、彼の友人が講師をしている塾が新たに大学受験部を立ち上げて講師を募集していると聞いたので、その塾の大学受験部の責任者と会ってみることにしたのです。彼が、僕が一人で多くの教科を教えることは大歓迎だと言ってくれたので、僕はその塾に移ることに決めました。

僕が教える教科の数を増やしていったことで、実際に生徒が何をどのように勉強するようになったかは、第二部・第三部で詳しく述べます。先ほど、塾の各講師がオーバーワークだったと述べましたが、僕自身も、教える教科を増やしていったことで毎日の労働時間が17時間を越え、ヘルニアと腎炎になってしまいました。それがこの仕事からの引退を決めた理由の一つとなってしまいましたが、それでもやってよかったと思っています。

僕は、生徒が勉強するのによい環境の条件の一つとして、「一人で多くの教科を教える教師がいる」ということを特に強調したいと思います。もちろん、全ての教師がこのタイプの教師になる必要はありません。実際、僕がこのタイプの教師を目指していて、一つの教科だけを教えることを追求している教師にはかなわないと思った点がいくつかありました。しかし、塾や学校にこのタイプの教師が一人でもいることは、生徒にとってはもちろん、教育・学問の学際化・総合化が言われるようになって久しい日本社会全体にとってもよいことだと思います。

現在のところ、このタイプの教師を目指すことは教師個人の資質によるところが大きいので、このタイプの教師をなるべく無理なく育成・活用する体制についての議論が必要だと思います。

秋山のつぶやき❶

塾講師の職業病

本文で塾講師のオーバーワークについて述べましたが、ここではこれについてより詳しく述べます。

僕の15年のキャリアで最も労働時間が多かった1年を例にとると、1日の生活は次のようなものでした。12時に塾に出社、生徒が塾に来始める16時まで授業の準備、塾を閉める23時まで授業・個別指導・面談、24時までミーティング・勉強会、1時まで食事、4時まで授業の準備、5時まで塾に届いた朝刊の閲覧・帰宅・入浴、7時まで読書・就寝、11時に起床。仕事の合間に軽食はとりますが、ちゃんとした食事は1日1回。1年間で完全な休日は10日。そのほとんどはインフルエンザを生徒にうつさないように隔離されていただけでした（笑）。

労働時間が長いのは僕だけではなく、他の講師も似たようなものでした。今述べた勉強会というのは、講師がお互いに模擬授業を見せ合って意見交換を行うというもので、常に複数の講師が参加していましたし、複数の講師が朝方まで授業の準備をするので、プリントを印刷するコピー機の争奪戦が頻発していました（笑）。

ということで、塾講師の職業病は「睡眠不足」です。僕は同僚と、仕事の合間に交替で15分の仮眠をとりながら「今、1時間寝かせてくれるなら1万円払ってもよい」などと言い合っていたものです。本文で、生徒が勉強するのによい環境の条件として「教師同士の横の連携がとれている」ことと「一人で多くの教科を教える教師がいる」ことを挙げましたが、これらに「教師がみんな常に眠そうにしている」ということも加えてよいかもしれません（笑）。

第二章

教える学年を拡げていって分かったこと

勉強コンプレックス

僕が一つ目の塾で浪人生・高校生に勉強を教えるようになってすぐに気になりだしたのは、生徒の勉強コンプレックスでした。多くの生徒が「自分は勉強ができない」と思い込んでいたのですが、僕の方がそのように思うことはめったになかったのです。さらに不思議だったのは、成績がよい生徒もこのコンプレックスを持っていたことでした。

ある時、このコンプレックスに関する事件が起きました。個別指導中に高校3年生の生徒に「先生にはできない子の気持ちは分からない」と大泣きされたのです。「そもそも僕は君をできない子だと思ったことがない」と言って、その生徒とかなり長い時間をかけて話した結果、僕は、勉強コンプレックスを持っている生徒は、彼らの人生のかなり早い時期からこのコンプレックスを持っていると感じました。そこで、僕は教える学年を中学生・小学生へと拡げていくことにしたのです。

そうしているうちに、生徒の勉強のコンプレックスの原因が分かってきました。それは、生徒は彼らの人生で、彼らの勉強を褒められたことがほとんどないということです。こう言うとありきたりな結論のようですが、僕が言いたいことはそれほど単純ではありません。「生徒の勉強を褒める」という言葉は、ほとんどの場合「生徒が勉強を頑張ったことを褒める」という意味で使われており「生徒の勉強そのものを褒める」という、僕が言いたい意味で使われることはめったにないからです。

多くの教師は、勉強した生徒がテストでよくない点数をとった時に「でも頑張ったね」と褒め、勉強した生徒がテストでよい点数をとった時に「よく頑張ったね」と褒めます。勉強してよくない点数をとることが続いた生徒は、頑張り続けているはずなのによい点数がとれないと思って勉強コンプレックスを持つようになります。一方、勉強してよい点数をとることが続いた生徒は生徒で、よい点数がとれているのは頑張り続けているから、つまり、まじめだからだと思い、自分が特に勉強が得意なのだとは思わず、むしろ勉強が得意でないのをまじめさで補っていると思うようになります。これが先ほど述べた、成績がよい生徒もコンプレックスを持っていることの理由です。

生徒の勉強を褒める

生徒の勉強コンプレックスの原因を解消するには、先ほど少しふれた「生徒の勉強そのものを褒める」ということが大切だと思います。そのためには、教師が生徒のテストなどの結果をきめ細かく把握することが必要です。

テストの結果について言えば、僕は、生徒のテストの点数自体はよくなくても、そのテストで生徒が、生徒と僕がその時点で目標としていたことを達成できていれば、生徒を褒めるようにしていました。逆に、点数自体はよくても、生徒と僕がその時点で目標としていたことが達成できていなければ、生徒と話し合い、改善のための次の目標を立てたうえで指導を続けるようにしていました。生徒のテストなどの結果をどの程度のきめ細かさで把握すべきかについては、第二部の第二章・第三章で詳しく述べます。

生徒の保護者の多くは、テストの点数だけを見て生徒を褒めたり叱ったりするのですが、これは生徒の勉強コンプレックスを助長し、「生徒の勉強そのものを褒める」教師の足を引っ張るだけなので、止めた方がよいと思います。生徒のために保護者ができることは、「生徒の勉強そのものを褒める」よう教師に要求することや、「生徒の勉強そのものを褒める」教師を探すことです。そのような要求に応えるのがプロの教師ですし、要求されなくてもそれを自然に行えるのが一流のプロです。

先日、僕が数理社会学会（※1）という学会に参加した時、河野敬雄先生という、京都大学の名誉教授で数学の確率論を専門にされている方とお会いしました。河野先生は僕と全くの初対面だったにもかかわらず、僕がお渡しした、数学のある仮説を反証した研究ノートをすぐに読み、反証が完全に間違っていることを僕にも分かるように説明し、最後に「図の描き方は面白いね」とおっしゃったのでした。超一流のプロはこんな感じです。ちなみに河野先生はわれらが広島のご出身でした。

保護者は「生徒の勉強そのものを褒める」教師を探せと言われても難しいと思うかもしれませんが、一つの目安はあります。教師が生徒のテストなどの結果をきめ細かく把握するためには、生徒と教師が、生徒の勉強のその時点での目標を共有していることが必要です。そのためには、授業や個別指導の時間とは別に、生徒と教師が面談する時間がどうしても必要になってきます。ですから、「教師が生徒との面談の時間を十分にとっている」ことが先ほど述べた目安となります。そしてこのことが、生徒が勉強するのによい環境の条件の一つとして挙げられると思います。面談による生徒の勉強の目標設定については第三章で詳しく述べます。

注釈（※）
1　**数理社会学**　数理モデルを使って集団の意志決定の仕組みなどを調べたり、統計学を使って社会調査の結果を分析したりする学問。

小学生教師の責任

この章の最後に、小学生を教える教師の仕事の責任と評価について述べたいと思います。

僕は、小学生から高校生・浪人生まで全ての学年の生徒を教えた経験から、「生徒の勉強そのものを褒める」ことを続け、テストの点数に一喜一憂せずに勉強する習慣を生徒に身につけさせることについては、小学生を教える教師の責任が最も大きいと思っています。それは、年齢による生徒の能力差を考慮に入れたとしても、小学生は中学生・高校生に比べ、圧倒的に勉強することのボリュームが少なく、そのぶん教師は生徒との面談や、生徒のテストなどの結果のきめ細かな把握に時間をとることができるからです。

僕は、今述べたような勉強の習慣を生徒に身につけさせることさえできれば、それだけで小学生を教える教師の仕事は大成功と評価すべきだと思っています。生徒が勉強コンプレックスを持たないようにすることは、それくらい大切なことなのです。

秋山のつぶやき❷

バルーンアーティスト

ここでは荒れる授業について述べたいと思います。

僕が勤務していた塾が、ある高校での授業で、授業中に立ち歩いたり大声で私語を続けたりする生徒を抑えるために、1人の講師が授業をし、別の2人の講師が教室を巡回するという形の授業をしたことがありました。

僕もその授業に参加したことがあったのですが、中学生・小学生の荒れる授業はその比ではありませんでした。授業中、白板に板書している僕の背中にセロテープを次から次に貼り付けようとする生徒がいたりして、「もう塾講師を辞めてバルーンアーティストになろうかな」と思ったことが何度もありました（笑）。

僕は、生徒に早い段階で勉強に関する成功体験をしてもらい、喜んでもらおうと思って中学生・小学生を教えていたのですが、彼らを喜ばせるならバルーンで動物を作って渡してあげる方が早いかな、と（笑）。もっとも、僕がバルーンで作れる動物はヘビ、うなぎ、ドジョウの３種類のみですが（笑）。

第三章

面談

面談の目的

この章では生徒と教師の面談について詳しく述べます。第二章でも述べたように、面談の主な目的は、生徒と教師の間で生徒の勉強の目標を共有することです。目標には長期的なものと短期的なものがありますが、まずは長期的な目標の設定について述べます。

長期的な目標を設定する際にまず考えるべきことは、勉強と「勉強以外のこと」の折り合いをどうつけるかということです。これをクリアしておかないと、勉強の長期的な目標を達成することはほぼ不可能になるからです。ここでは「勉強以外のこと」の典型として三つのことについて述べます。

「勉強以外のこと」の典型の一つ目は、生徒が就きたい仕事に関する職能訓練や習い事です。ここでは「そもそも生徒が勉強をして高校・大学に行く必要があるのか」というところから考える必要があります。

ある高校3年生が僕との面談で、自分は理髪師になりたいので大学に行かずに専門学校に行きたいが、保護者には大学は出ておくように言われている、と話したことがありました。よく話し合ってみると、理髪師になることについてかなり具体的でしっかりした考えを持っていることが分かったので、僕はその生徒と保護者との三者面談を行うことにしました。

この三者面談で僕は保護者に、僕自身が高校3年生の時、ギタリストになりたかったので大学を受験する気が全くなく、1日に10時間近くギターの練習をしていたせいで1日の勉強時間は学校の授業以外ではゼロだったことを話しました。さらに、その当時、僕の親も教師も僕のギターを止めさせることは遂にできなかったこと、仮にギターを止めさせることができていたとしても、その後に、僕に勉強をさせることは絶対にできなかったであろうことを話しました。

そのうえで保護者に、生徒が塾で勉強して大学に行くことが本当に必要なことかもう一度考え、生徒と話し合って欲しいと伝えました。結果としてこの生徒は塾を辞め、専門学校に入学しました。

部活

「勉強以外のこと」の典型の二つ目は、生徒の部活です。最近、部活の顧問などをしている学校の教師のオーバーワークが問題になっていますが、部活による生徒のオーバーワークも同じくらい深刻な問題です。

起こっている現象そのものは単純です。生徒が部活と部活の疲れで十分な勉強時間を確保できず、かろうじて確保している勉強時間の間も部活の疲れで集中力を維持できないということです。僕自身も中学生の時に野球部、高校生の時に演劇部で全く同じ状態になっていました。また、僕が塾で教えていた時も、部活を理由に授業を欠席する生徒や、授業に出席していても部活の疲れでずっとうとうとしている生徒が多くいました。

今でもよく覚えているのは、高校3年生の夏頃まで陸上部を続けていたある生徒のことです。この生徒は毎日の練習でくたくたになり、帰宅後はすぐに寝てしまい、次の日の朝も疲れでなかなか起きられないという状態でした。それでも朝5時に起きて受験勉強をしようとするのですが、やはり自分では起きることができず、家庭の事情で起こしてくれる人もいませんでした。

この生徒との面談でこのような話を聞いた僕は、それからこの生徒が部活を引退するまで、ほぼ毎朝5時にモーニングコールをしました。第一章のコラムで述べたように、当時の僕は朝5時くらいまでは塾で仕事をしていたので、モーニングコールをすることそのものは負担にならなかったのですが、この生徒が部活の時間をもう少しコントロールできれば、もっと楽に勉強できるのに、といつも思っていました。

文武両道ということが生徒の目標としてよく言われますが、僕の経験ではこの目標を実現できる生徒はほとんどいません。僕は生徒が部活をすることそのものに反対する者ではありませんが、部活をしている生徒の多くが部活を引退すると一挙に成績を上げるということも事実で、勉強と部活の折り合いをどうつけるかは、生徒の成績に直結する問題だと思います。なお、生徒の勉強に部活と同じような悪影響を与えることとして、通学・通塾がありますが、こちらに関しては第六章で映像授業の話と併せて詳しく述べます。

「勉強以外のこと」の典型の三つ目は、生徒の人間関係のトラブルです。ここでは生徒の勉強に深刻な悪影響を与えるいじめについて述べます。生徒がいじめを受けている場合は勉強どころではありませんので、早急に問題を解決する必要がありますが、いじめの問題の解決が難しい理由の一つに、いじめを受けている生徒が自分からそれを教師に相談してくることはほとんどないということがあります。ですから、周りの人間が気づくしかないのですが、気づいたのが生徒だった場合、その生徒がそれを教師に知らせてくることもほとんどありません。

教師に知らせたことがいじめを行っている生徒にばれて自分もいじめを受けることを恐れたり、そこまで行かなくても、生徒同士の人間関係がぎくしゃくすることを恐れたりするからです。結局、教師が自分で気づくことが重要になってきます。

教師が常に生徒に貼り付いて生徒の人間関係を観察し続けることはできないので、僕は生徒との面談を活用していました。生徒との面談で、生徒がいじめを受けていないか定期的に確認するのです。もっとも、いじめを受けている生徒は普通そのことを教師に悟られないようにしていますから、教師の方に一定の技術が必要です。

　僕は、ジョー・ナヴァロとマーヴィン・カーリンズという人の書いた『ＦＢＩ捜査官が教える「しぐさ」の心理学』という本に書かれていた、相手と会話をしながら相手の嘘《うそ》を見抜く技術に自分なりの改良を加えたものを使っていました。ここで、僕が使っていた方法について詳しく述べてしまうと、この本を読んだ生徒には教師がその技術を有効に使えなくなってしまいますので、無意味なことはしません。しかし、今挙げた本は、多くの教師にとって各自の技術を磨くのに役立つものだと思いますので、お薦めしておきます。

　教師がいじめに気づけたとして、本当に難しいのはいじめを止めさせることです。先ほど、生徒がいじめに気づいても人間関係がぎくしゃくするのを恐れて解決に向けて動き出さないと述べましたが、この恐れは教師も同じです。僕がそれでも気持ちを奮い立たせて、実際にいじめの事実を確認したうえで、いじめを行っていた生徒と話し合っても、ほとんどの場合「あれはいじめじゃない」と言われました。逆に僕の方が、いじめを行っていた生徒をいじめているということにされた経験もありますし、いじめを行っていた生徒の保護者が関わってくると話はさらにややこしくなります。僕のキャリアの最後の方では、僕は普段から生徒に次のように言うようにしていました。

「僕は僕の主観で『いじめの十歩手前だ』と思ったらそう言う。『いじめ』ではなく『いじめの十歩手前』だから、言われた人は全く気にしなくてよい。ただ、それが実際のところいじめの何歩手前なのか君らと議論するのは面白いので、議論には付き合ってもらう」

長期目標

ようやく生徒の勉強の長期的な目標設定そのものの話ができるところまで来ました。生徒の勉強の長期的な目標設定としては志望校・志望学部の決定が最も重要だと思いますが、これらについては生徒と保護者と教師の三者面談で行うことが多く、保護者の役割が重要になってきます。志望校・志望学部という目標は、生徒と教師だけでなく保護者も共有しておく必要があります。こう言われるとほとんどの保護者は当たり前のことだと思うかもしれませんが、僕の経験では、ここでもよく問題が起こるのです。

生徒が志望校・志望学部について保護者の希望と違う希望を持っている場合、三者面談では保護者を気にして教師に自分の希望を言ってくれないことが多いのです。僕はこのことに気づくために、先ほど述べた、生徒がいじめを受けていることに面談で気づくための方法と同じようなものを使っていました。三者面談で生徒が本当の志望校・志望学部を言っていないと気づいたら、三者面談の後に生徒だけと再び面談し、場合によってはその後にまた三者面談や保護者だけとの面談をしました。志望校・志望学部は変わっていくことも多いのですが、その場合も生徒と教師だけでなく、保護者もその情報を共有しておく必要があります。

生徒の志望校・志望学部についての、生徒・保護者・教師の情報共有を怠ると、生徒の勉強に混乱が生じます。一つ例を挙げます。

大学受験の場合、生徒のセンター試験のリサーチ結果に基づいて二次試験の出願校の最終決定をするのが普通なのですが、その生徒はセンター試験のリサーチ結果に基づき、二次試験は大阪大学に出願することに決め、さっそく二次試験対策を始めました。ところが、出願する直前になって、保護者が県外に出るのを許してくれないということが分かり、急きょ広島大学に出願することになったのです。出願する大学によって二次試験対策が大きく変わってくるのは言うまでもなく、この生徒は二次試験前の時期にあまり意味のない勉強を続けてしまったことになります。

志望校・志望学部を決めることについて最後にもう一つ述べておきます。志望校・志望学部はそもそも決めることが難しく、せっかく決めても、その時に生徒が持っていたモチベーションや情熱が冷めていってしまうということもよく起こります。これらの場合に、生徒が「この人のようになりたい」「この人と同じ大学・学部に行きたい」と思うような人物がいたり、そのような人物と生徒が話し合えたりすると、問題が解決に向かうことが多いです。

ですから、生徒・保護者はそのような人物が身の回りにいないかアンテナを張り巡らせておくのがよいと思います。本当は、生徒を教えている教師自身がそのような人物になれれば話が早いのですが、教師が教えているのが他のことではなく「勉強」であることによる特有の難しさもあります。これについては、この本の「おわりに」で詳しく述べます。

短期目標

この章の最後に、生徒の勉強の短期的な目標設定について述べます。短期的な目標設定には重要なことが二つあります。

一つ目は、目標を設定する時に「生徒がその時点で達成できていること」を最初に考え、それに無理なく上積みできることは何かを次に考え、なるべく少しの上積みで済むものを目標にするという方法で行うことです。「生徒がその時点で達成できていないこと」を最初に考え、そこから逆算して目標を決めるという方法もありますが、僕の経験では、この方法はあまり上手くいきません。生徒は自分が今勉強していることの意味を知りたがりますし、それを知ることで実際に生徒のモチベーションも上がるのですが、後者の方法は前者の方法に比べ、生徒が、自分が今勉強していることの意味を具体的にイメージしにくいのです。

僕は後者の方法は大人向きのものなのだろうと思い、後にIT企業で従業員を教育する立場になった時に、仕事術としてこちらの方法を勧めてみましたが、大人の場合もあまり上手くいきませんでした。そんな時に、われらがヒーロー、黒田博樹さんが『決めて断つ―ぶれないために大切なこと―』という本の中で、前者の方法と本質的に同じ方法の重要性を強調されているのを知りました。僕は今では、大人でも前者の方法の方が上手くいくのであれば、子供の時からそれに慣れるのがよいと思っています。

短期的な目標設定に重要なことの二つ目は、1週間から1か月で目標を更新することです。僕の経験では1週間が理想的で、最長でも1か月という感じです。そのためには教師と生徒の面談を頻繁に行う必要があり、お互いになかなか大変です。僕の経験では、教師にとっては1か月に1回でもかなり大変で、1週間に1回行っていた時にはアルバイトのチューターも総動員していました。しかしこれは生徒の勉強に確実によい効果をもたらすので、追求する価値があります。この点に関しては、家庭教師もした僕の経験から、塾よりも家庭教師の方がはるかに生徒の役に立てると思います。

秋山のつぶやき❸

痴話喧嘩とか犬とか

本文では生徒の人間関係のトラブルの例として、いじめについて述べましたが、他に多い例は、生徒同士の恋愛から起こる痴情のもつれです（笑）。

僕が塾で個別指導をしている時に、別の生徒が飛んできて、自習室で高校３年生の男子生徒と女子生徒が大喧嘩していると言ってきたことがありました。僕が現場に急行すると、まさに男子生徒が女子生徒に学生カバンを投げつけようとしているところで、間一髪、カバンは僕が頭で受け止めました（笑）。その後、２人それぞれと話してみると、付き合っていた２人が別れ、女子生徒の方がすぐに、塾にいた別の男子生徒と付き合い始めたというのが喧嘩の理由でした。僕は生徒に体罰などの暴力を絶対にふるわないと決めていたのですが、この男子生徒が大学受験直後のゴールデンウィークに塾に遊びに来て、大学で付き合い始めた彼女についてののろけ話しかしなかった時は「殴ろうかな」と思いました（笑）。

本文ではまた、三者面談の際に僕が生徒の嘘に気づくための技術を使っていたことを述べましたが、当然のことながら、これには限界があります。

僕がこの限界を最も感じたのは、生徒のペットの犬と生徒の保護者との三者面談をした時です（笑）。生徒が急に病院に行くことになり、代わりに犬を連れて来たとのことでした（笑）。僕は猫派なので犬の気持ちはよく分かりませんでした（笑）。しかし、それ以上に分からなかったのは、この保護者の考えでした（笑）。

第四章

集団授業

生徒のための準備

第一章から第三章までは、生徒が勉強する環境のうち、教師の横の連携・一人の教師が教える教科の数・生徒と教師の面談など、生徒の勉強に間接的に関わるものについて主に述べてきました。生徒の勉強に間接的に関わるものとはいえ、生徒の勉強に直接的に関わるものと同じくらい重要ですので、あえてそのようにしました。この章からは、生徒が勉強する環境のうち、授業や個別指導など、生徒の勉強に直接的に関わるものについて述べていきます。この章ではまず、集団授業について述べます。

第一章でも述べましたが、教師は授業の準備にかなりの時間をかけています。僕の場合、15年のキャリアで平均すると、1時間の授業に対して2時間かけて準備していました。キャリアの初期には1時間の授業に対して10時間近くかけて準備していたこともあります。こう言うと、教師は自分が得意な教科を教えているはずなのに、何をそんなに準備することがあるのかと思う人もいるかもしれませんが、準備にもいろいろなレベルがあるのです。

僕が塾講師としてキャリアをスタートしたころ、生徒が僕の授業をとるのを止めることがよくありました。それらの生徒から何とかその理由を聞き出せても「何となく嫌」という感じではっきりせず、自分で考えても理由はよく分かりませんでした。ある時、先輩の講師に相談したところ、「授業の準備が足りないのではないか」と言われました。僕は、授業で教える問題の予習も板書の下書きもちゃんとしていると答えたのですが、先輩講師は僕の答えに対して、「それは自分が生徒の前で恥をかかないための準備で、生徒のための準備ではない」と言ったのでした。

その後の経験で僕が分かったのは「生徒のための準備」とは、授業に出席する生徒の学力を個別に全て把握したうえで、授業で教える問題を選び、どの問題をどの生徒に当てるか、当てた生徒がどのように反応し、そこからどのようなやりとりが始まるか、他の生徒がそのやりとりから何を学べるかなどをシミュレーションしておくことだということです。

このようなレベルの準備には、教師にいくら教科の学力があっても一定の時間がかかります。第三章で生徒の勉強の目標を生徒と教師が共有するために面談が重要であることを述べましたが、面談は授業のこのようなレベルの準備のためにも重要です。

このようなレベルの準備をするようになった教師が次に陥りがちな罠が、準備の通りに授業をしようとして授業が硬くなってしまうということです。僕が塾で勤務している時に、ある後輩の講師の授業を見学したことがあったのですが、生徒に授業中の質問さえ許さないような異様な緊張感が張り詰めた単調な授業が90分間続いたので、授業の後にその後輩講師に、授業が硬すぎて生徒が疲れると注意しました。

僕自身はこのようなことを避けるために、生徒に授業中はいつでも質問してよいと言っていました。さらに、授業をしながら生徒一人ひとりの表情を観察して生徒が授業に付いて来ているかどうかを確認し、それによって授業のペースに緩急をつけるようにしていました。これはかなり疲れる作業で、先ほど述べたようなレベルでの授業の準備ができていないとまず不可能です。また、このような観察には、授業に出席している生徒の数による限界があります。僕は授業に出席している生徒の数として、1名から約200名までの数を経験しましたが、今述べたような観察は生徒数20名までが限界でした。この数は生徒・保護者が集団授業の質を考えるうえで一つの目安になると思います。

また、僕の経験では、授業が硬くならないということは、生徒を疲れさせないということ以上に重要な意味があります。僕は「生徒のための準備」をし、授業中の生徒の表情を観察しながら授業をするようになってから、生徒に僕の授業をとるのを止められることはほとんどなくなったのですが、肝心の生徒の学力の伸びは年度によって波がありました。そしてこの波をなくすことはできないかと考えているうちに、意外なところからその方法を見つけたのです。

この本の「はじめに」で述べたように、僕は多くの生徒と、彼らが大学生・大学院生・社会人になってからも交流を続けてきました。そしてある時、そのようなかつての生徒数名と食事をしていて、彼らが生徒だった時に彼らと僕の間で流行っていた、ある「ネタ」の話で再び盛り上がったのです。その時に僕は、生徒の学力を大きく上げることができた年度は、授業中にそのような「ネタ」を使うことが多かったのではないかと思ったのです。要は、授業中の無駄話が多かったのではないかということです。そこで過去の生徒の学力の伸びを年度ごとに見直しながら、それぞれの年度の授業の内容を思い出してみた結果、この仮説は検証する価値が十分にあると思いました。

このことがあってから、僕は授業中の無駄話の内容・量・タイミングなどについて研究するようになりました。僕は生まれが大阪で、お笑いが好きだったので、お笑い芸人の話術なども参考にしましたが、最も役に立ったのは、スマリヤンという数理論理学者が書いた一連の本でした。彼は学者としての専門的な業績も天才と呼ばれるくらいなのですが、人にものを教える時の心構えや、難しいことを気の利いた冗談を交えながら分かりやすく説明する技術にも素晴らしいものがあります。彼が一般向けに書いた本のほとんど全てが、多くの教師にとってよい参考になると思いますが、最も読みやすいものとして『タオは笑っている―愉快な公案集―』をお薦めしておきます。

以上のような研究の結果、僕は合計すると授業の時間の半分近く無駄話をするようになり、生徒の学力の伸びの年度による波も小さくなりました。生徒の保護者の中には、僕のこのような授業を不真面目すぎると批判した人が何人かいましたが、僕はそれらの保護者に次のようなことを説明しました。

まず、90分間の授業で真面目な話だけを90分間続けると、生徒の方がもたないということです。人間の集中力の限界はそのはるか手前にあるからです。次に、生徒が教師の教えることをずっと理解する時に特有の、生徒のコンディションのようなものがあり、僕がそれを生みだせるのは、たいてい無駄話から真面目な話に戻った時だということです。まとめると、授業が硬くならないようにすることが、生徒の学力の伸びにつながるということです。

保護者の多くは1時間当たりの授業料の額で授業の価値を捉えていますが、僕は、生徒の学力が1年でどれだけ伸びるかで授業の価値を捉えていました。そして、そのような意味での授業の価値を高めるために、授業中に無駄話を多くしていたのです。

すぐれた教師が陥りがちな罠

最後に、この章でここまで述べてきたことを全てこなせるようになった教師が陥りがちな罠について述べます。それは、教師が自分の全能感に酔うということです。より分かりやすく言うと、自分は授業という世界の神様だと錯覚するということです。こうなってしまうと、その教師の授業力の成長は止まり、必ず衰えます。なぜ必ず衰えるかというと、その教師を取り巻く環境の方が時とともに必ず変化し、その変化に、成長が止まったその教師は付いていけなくなるからです。

　僕自身は全能感に酔うということはなかったと思っています。僕が「これで完璧な授業ができる」などと思っていると、そんな僕をあざ笑うかのように、訳の分からない出来事が次から次へと僕に襲いかかってきたからです。授業直前に塾に酔っぱらいが乱入してきて、僕が教室に入れないまま授業時間が終わってしまったこともありましたし、教室には入れても、女子生徒全員が、某男性アイドルが起こした不祥事にショックを受けて泣いていて、全く授業にならないまま授業時間が終わったこともありました。今から振り返ると、全能感に酔うよりは、訳の分からない出来事への対応に苦労する方がはるかにましだったと思っています。

秋山のつぶやき❹

幻

本文で、僕が生徒に授業中はいつでも質問してよいと言っていたということを述べましたが、不意に来る生徒の質問に反応できるように集中していたせいか、単なる睡眠不足のせいか、僕は授業中によく幻聴が聞こえました(笑)。板書をしている時に、生徒が質問の声をあげたと思って振り返ると、誰も何も言っていないという(笑)。

また、本文で、僕が、授業に出席している生徒の数が1名の授業を経験したことがあると述べましたが、そのうちの1回で、その1名の生徒に、授業中に寝られたことがありました(笑)。この時は幻聴だけでなく幻覚も見るようになったかと思いましたが、これは現実でした(笑)。

全く、本文で述べた全能感に酔う教師とは程遠いところにいたと思います(笑)。

第五章

個別指導

個別指導とは

この章では個別指導について述べます。この20年の間に生徒が勉強する環境に起こった変化の中で、最も大きなものの一つが個別指導を受ける機会の増加で、個別指導は今やすっかり定着したと思います。ただ、一口に個別指導と言っても、その質にはかなり大きな差があります。とにかく誰かが一対一で生徒に対するという形さえとっていればそれでよいという「指導」の名に値しない個別指導もあれば、教えた生徒を必ず第一志望に合格させる家庭教師もいます。生徒・保護者の多くは、このことをよく理解しておらず、個別指導と聞くだけで、それが「何か集団授業よりはよいもの」と漠然と思い、結果として生徒の勉強に混乱が生じます。

また、特に保護者は、集団授業とは別に個別指導を行うことの意義そのものをよく理解していないことが多いです。集団授業は複数の生徒に一律の指導を行うのに対して、個別指導は個々の生徒にそれぞれの現状に応じた異なる指導を行うのですが、僕が個別指導に関して保護者からよく要求されたのは「うちの子にも、あの子にしてあげていることをしてやってください」というものでした。

以上のような個別指導をめぐる生徒・保護者の混乱を踏まえ、僕が個別指導をするうえで大切にしてきたことを述べることで、生徒・保護者が個別指導の質を判断する際の一つの目安を示したいと思います。

専用プリント

僕は個別指導で、生徒の質問に答えることに加え、個別指導専用のプリントを使った指導を行っていたのですが、後者の方をより重視し、キャリアをスタートしたころは、生徒一人ひとりに全く別のプリントを作っていました。もちろん、プリントを使って教える教科の「内容」そのものは生徒によってそう大きく変わるものではありません。僕がこだわっていたのは、生徒との普段の会話や面談から分かった、生徒の趣味や性格に合わせて、プリントで教える内容の「表現」を変えることでした。

例えば、英語の個別指導のプリントで、その生徒の好きな漫画が分かっていれば、プリントの英文をその漫画の主人公のセリフの英訳にしたり、その生徒が好きな洋楽の曲が分かっていれば、プリントの英文をその歌詞にしたりするといったことです。僕がこのようなことをしていた理由は二つあります。理由の一つ目は、このことが、生徒が勉強するモチベーションを維持するのに非常に役立つからです。理由の二つ目は、このことが、生徒が勉強で覚えなければならないことを非常に覚えやすくするからです。理由の二つ目については、第二部の第一章で詳しく述べますので、ここでは理由の一つ目について詳しく述べたいと思います。

同じ勉強するでも、自分の好きなことが少しでも関係する方が、生徒は楽しみながら勉強することができ、勉強を継続することができます。僕の経験では、この効果は絶大でした。しかし、先ほど述べたような個別指導専用のプリントを準備することは、教師の側にはかなり大きな負担になります。生徒のほとんどが漫画を読み、僕自身も漫画を読むのが好きだったので、僕は生徒が好きだと言う漫画は全て読んでプリントを作る材料にしていましたが、1日の労働時間が17時間を越える日々の中で『デスノート』や『ブリーチ』のような、ボリュームがありストーリーも複雑な漫画を読みこなすのは、漫画自体は面白くても死ぬ思いでした。結局、教える生徒の数が増えてきた時点で、このようなプリントを準備することは断念することになり、基本的には全ての生徒に同じプリントを使うようになってしまいました。

そこで僕が考えたのが、全ての生徒に同じ個別指導専用のプリントを使うにしても、何か生徒一人ひとりの趣味や性格に合わせたことができないかということでした。先ほど述べたように生徒のほとんどが漫画を読んでいたので、まず始めたのは、生徒が僕に提出したプリントにその生徒が好きな漫画のキャラクターのイラストを描いたうえで、そのプリントについての個別指導を行うということでした。しかし、この試みは僕の絵があまりにも下手すぎて生徒に不評で、即、挫折しました。

最終的に行き着いたのが、僕が「読みなシャレ」と名付けたものでした。これは、生徒が僕に提出したプリントに、その生徒が好きなことに関するダジャレを書くというものです。第二部の第一章で詳しく述べますが、僕は読書が大好きで、国語辞典なども読んでいたためダジャレが得意でした。この「読みなシャレ」は生徒にも好評で、これにより、生徒は次のダジャレを見たくて次のプリントをするようになりました。さらに、生徒が各自のプリントに書かれたそれぞれに異なるダジャレをお互いに見せ合うことで、自分よりはるかにプリントを進めている生徒がいるのを知ることになり、プリントをこなしていくペースをアップするようになりました。

個別指導のさらなる個別化

この章で述べたことをまとめると、生徒は自分のためだけの何かを教師がしてくれていると感じると、勉強するモチベーションを保ち、高めることができるということです。そのためには「他の生徒と同じような個別指導」ではダメなのです。僕が個別指導についてキャリアを通じてこだわってきたのは「個別指導のさらなる個別化」と言えるようなことだったと思っています。

この章の最初に、この20年で生徒が勉強する環境の中に個別指導が定着したということを述べましたが、現在は「個別指導のさらなる個別化」が追求されるべき段階に入っていると思います。僕が、生徒・保護者が個別指導の質を判断する際の一つの目安になることとしてお勧めしたいのは、この「個別指導のさらなる個別化」がどの程度なされているかというものです。

秋山のつぶやき❺

読みなシャレ

本文で「読みなシャレ」について述べましたが、これが具体的にどのようなものか興味をもった人は、ぜひ僕が書いた『読みなシャレ』という本を読んでみてください（出版準備中）。僕が15年のキャリアの間に書いた「読みなシャレ」の中から、それぞれの生徒の好きな教科を念頭において書いたものを厳選し、教科ごとにまとめたうえで、それらを読んだ生徒のリアクションまで付けているという優れモノです（笑）。

また、本文で、生徒一人ひとりに異なる個別指導専用のプリントを準備するために、生徒が好きな漫画を読んだということを述べましたが、それ以外にも僕は、生徒と一緒にバッティングセンター・映画館・美術館などに行くということもよくしました。さすがに生徒と一緒にディズニーランドに行くという話は、当時僕が勤務していた塾の校舎長に止められましたが（笑）。ただ単に僕自身が休みをとって遊びたいという下心がばれたのだと思います（笑）。

第六章

映像授業

映像授業のメリット？

第一部の最後のこの章では、映像授業について述べたいと思います。僕は15年のキャリアを通じて、第一章から第五章までで述べてきたようなことを追求してきましたが、ちょうどキャリアの半ばくらいの時に、当時勤務していた二つ目の塾で、映像授業に関する事件が起きました。このことで僕はこの塾を辞め、これが僕のキャリアの大きな転機となりました。

僕が勤務した二つ目の塾は大学受験部を立ち上げたばかりで、僕はその大学受験部に所属していたのですが、生徒に恵まれたことに加え、講師・チューターの頑張りもあって、僕が勤務していた2年間、大学受験部の合格実績・生徒数は右肩上がりでした。この2年間、合格実績に関しては、数名の浪人生を含む約100名の受験生に対して、国立大学だけでも、東京大学2名・京都大学2名・医学部3名を含む、50名近くの生徒が合格していました。また、大学受験部全体の生徒数に関しても、この2年間で倍増していました。

当時、この塾では映像授業はしていなかったのですが、他の塾から移ってくる生徒が増えてくる中で、当時から映像授業を行っていた他の塾の映像授業についての話を生徒から聞くことが多くなりました。当時、他の塾で行われていた映像授業はその塾まで行って映像授業を受けるというものがほとんどでしたから、映像授業のメリットとして強調されていたのは、いわゆるカリスマ講師の授業を受けることができるということと、生徒が授業を受けていて分からない箇所があっても繰り返し何度でも見ることができるということでした。

ところが、そのような映像授業に不満を持った生徒の多くは、僕に次の二つのことを言っていたのです。まず、いくらカリスマ講師の授業で繰り返し見ることができても、分からないものは分からないということです。次に、そのような場合にはその塾にいる別の講師が個別指導で質問に答える体制になっていたのですが、この講師の説明が映像授業をしている講師の説明より分かりにくいということです。

僕は当時、これら二つのことについて考えてみました。

一つ目の点については、授業の録画方法が大きく関係していると思いました。映像授業の録画方法としては、講師が実際に生徒の前で行った授業を録画する方法と、講師が生徒なしでカメラに対して行った授業を録画する方法がありますが、同じ講師で前者の方法による映像授業と後者の方法による映像授業を比べた場合、後者の方法による映像授業の方が生徒にとっての分かりやすさは下がるのが普通です。第四章で述べたことがその理由です。

二つ目の点に関しては、第五章で述べた個別指導の質の問題が大きく関係していると思いました。そもそも、授業とそれに関する質問への対応をそれぞれ別の講師が行うのですから、これらを一人の講師が行う場合に比べて様々な問題が生じるのは当たり前です。

当時の僕は以上のように考え、映像授業をあまり高く評価していませんでした。むしろ、自分がこれまでやってきたことの方が、生徒のためにはよいと自信を持っていました。そのような時に、事件は起きたのです。

転機

当時僕が勤務していた塾の経営陣は中学受験部の講師たちだったのですが、彼らがある日突然、塾全体に他の塾の映像授業を導入することを決めたのです。大学受験部の責任者の講師を含めた大学受験部の講師たちがそのことを聞いた時には、既に映像授業の導入に関する他の塾との契約が交わされていました。そしてその契約では、僕が勤務していた塾の講師は、導入された映像授業に関する個別指導と、生徒がどの映像授業をとるかなどについての面談以外のことをしてはいけないとなっていたのです。要は、それまで行っていた授業や個別指導は全て禁止ということです。

僕は先ほど述べたような理由で、映像授業の導入そのものにも反対でしたが、そのことよりも、ほぼ中学受験の生徒の指導経験しかなく、2年間で大学受験部の現場を視察したことさえ一度もない経営陣の、経営判断の名に値しない経営判断に怒りあきれ、このことを聞いたその日に退職の意思を伝え、数週間後にこの塾を辞めました。

僕は、この事件から8年ほど経った今、この塾の複雑な現状を複数の関係者から直接聞くにつけ、この時の経営陣の判断はやはり間違っていたと思います。しかし、当時僕が急に塾を辞め、生徒・保護者・大学受験部の同僚に迷惑をかけたことに関しては、この場を借りて謝罪したいと思います。

以上のような経緯で塾を辞めた僕は、すぐに次の職場を探す気も起こらず、1年ほど仕事をしないことに決め、それまでほとんど時間のとれなかった読書と数理哲学・数理論理学の勉強に、起きている時間のほとんどを使うようになりました。ところが、そうして3か月も経たないうちに、次の職場に就職することにしたのです。それはあるIT企業でした。

僕が何の経験もなかったIT業界の企業に就職することに決めた理由をまず述べます。僕は塾を辞めた後も、映像授業の何がそんなによいのかと、先ほど述べた事件のことが頭から離れませんでした。そのような時に、海外に、インターネットで配信される映像授業を生徒が自宅で受けることができるサービスがあることを知ったのです。そして、同じようなサービスが当時、瞬《また》く間に日本でも多く見られるようになったのです。

この時点で、映像授業に対する僕の評価が少し高くなりました。なぜなら、僕は自分自身が中学受験のための塾への通塾に大変苦労した経験があったからです。僕は小学5年生・6年生の2年間、ほぼ毎日往復2時間かけて通塾し、帰りは僕の親が深夜に30分間、自宅と最寄りの駅の間を車で往復する必要がありました。これがあまりにもつらかった僕は、その後、中学生・高校生・大学生・社会人と、学校・職場から自転車で10

分以上かかる場所には住まないようにしたくらいです。第三章で部活の時間と疲れが生徒の勉強に及ぼす悪影響について述べましたが、通学・通塾も同じです。僕が就職したＩＴ企業など、従業員の通勤の負担を減らすために、会社から徒歩圏内に引越しした従業員には多額の家賃補助を出していたくらいです。

また、僕が塾で生徒の保護者と面談していると、特に女子生徒の保護者には、生徒が夜遅くまで塾で勉強すること自体はよいことだが、帰宅の途中で犯罪や事故などに遭うのが心配だという人が多かったです。15年のキャリアの間に僕が直接知っただけでも、女子生徒が通塾中に変質者に遭遇したということが3回あり、そのうちの1回では、変質者に遭遇した生徒に付き添って警察に行きました。

以上のようなことを考え、僕は生徒が自宅で受けられる映像授業の可能性を追求すべく、全く経験のなかったＩＴ業界の企業に就職したのです。

アプリ開発

このＩＴ企業で僕は、英語などの学習のためのＰＣソフトやスマートフォンアプリを開発しながら、生徒が自宅で大学受験対策の授業を受けられるサイトを立ち上げました。そのサイトでは、ある映像授業を見た生徒からのその授業に関する質問には、その授業を行った講師本人が答えるという形をとるようにしました。

このサービスは、映像授業が、講師が生徒なしでカメラに対して行ったものの録画であるという短所はありましたが、全てのサービスを無料で利用できるという点と、英語のネイティブが英語で行った数学の映像授業も配信するという点で、当時の日本では画期的で、多くのメディアにも取り上げられました。

またこのＩＴ企業では、グーグルハングアウトというオンラインテレビ電話システムを使い、生徒が自宅で、双方向・リアルタイムで英語のネイティブ講師の英会話レッスンを受けることができるという、別の一般向けサービスも行いました。僕は、このサービスと先ほど述べたサービスを比較することで、生徒が自宅で受けられる映像授業のタイプの違いが生徒の理解にどのように影響するかを知ろうとしました。

これら二つのサービスは、このＩＴ企業がその後、他のプロジェクトにリソースを集中することになったという事情があって、それぞれ2年ほどで終了することになり、僕自身もその後それとは全く別の個人的な事情でこのＩＴ企業を辞めることになりました。しかし、これら二つのサービスは大きな成果を挙げ、僕自身が次にフリーの家庭教師を始めるうえで大きな財産になりました。

映像授業から分かったこと

この章の最後に、先ほど述べた二つのサービスの成果と、その成果を踏まえて僕がフリーの家庭教師を始めた理由を述べたいと思います。

まず、大学受験対策の映像授業のサイトの方ですが、こちらは2年ほどの間に約200の映像授業のそれぞれが数万回から数十万回再生されました。センター試験を受験する生徒の数が毎年40～50万人くらいであることを考えれば、なかなかよい結果だと思います。また、生徒からの質問や感謝のメールもほぼ毎日のように届きました。

次に、グーグルハングアウトを使ったオンライン英会話レッスンのサービスの方ですが、こちらもかなりの人気を集め、僕が勤務していたIT企業は当時、日本で最も多くグーグルハングアウトを使用する企業になりました。このことにはアメリカのグーグル本社がアクセス数を観察していて気づき、当時グーグルの副社長だったライアン氏が、グーグルハングアウトの使い勝手についての意見を聞くなどの目的で、僕が勤務していたIT企業まで来ることになったくらいです。この時にライアン氏と僕が英語で話したことの内容については、第三部の第一章で詳しく述べます。

さらに、これら二つのサービスを比較し、生徒が自宅で受けられる映像授業のタイプの違いが生徒の理解にどのように影響するかを考えてみた結果を述べます。どちらのタイプの授業も、授業についての生徒の理解を授業に対する生徒の感想から推測するしかなかったため、生徒の理解に明確な差があるという結論は導き出せませんでした。それでも、次の二つのことは分かりました。

一つ目は、生徒が授業に対する感想を述べる割合そのものが、リアルタイム・双方向の授業の方が高かったということです。二つ目は、録画された映像授業への感想は、肯定的な内容と否定的な内容の割合が八対二ほどの割合だった一方で、リアルタイム・双方向の授業への感想はほとんどが肯定的な内容だったということです。これは生徒の心理を考えれば当然のことだと思います。講師と実際に対面する状況に近いほど生徒が感想を伝えようとするモチベーションが高く、否定的な感想は伝えづらいのです。

以上のことから、僕は二つのことを結論づけました。一つ目は、生徒が自宅で受けられる映像授業に関しては、その種類にあまり関係なく、それなりの需要と効果があるということです。二つ目は、当たり前のことですが、映像授業を受けている生徒はやはり生身の人間のままだということとです。

二つ目のことは、次のような喩え話が分かりやすいかもしれません。ある人が遠くにいる恋人とコミュニケーションをとる際、メールよりはテレビ電話の方がよいが、実際に会えるならそれが一番だという話です。生徒と教師の場合も、もし生徒が教師に親しみを持っていれば、その生徒はテレビ電話でその教師の授業を受けるより実際に対面してその教師の授業を受けたいと思うはずですし、そちらの方が生徒の勉強の成果もあがるはずです。

この辺りのことは、親しみを感じている他者といる時に人間の脳内で分泌される物質が脳の働きに与える影響が関係しているらしく、専門家のさらなる研究が待たれます。

もちろん、そのような人間の脳の仕組みそのものが、生徒が映像授業に慣れることで変わっていき、生徒と教師が実際に対面して行う授業が不要になるという可能性もあります。しかし、その場合でも、生徒が人間の教師よりＡＩの教師に親しみを感じ、ＡＩの教師の授業の方を受けたいと思うようになるまでには時間がかかるのではないでしょうか。

僕自身はその後、生徒が親しみを持ってくれる教師とはどのような教師か、特に、そのことによって生徒の勉強の成果をあげられるのはどのような教師かということを、もう一度生徒に実際に対面して教えながら追求するために、フリーの家庭教師になりました。このたびこの仕事を引退することにしましたが、その時点で僕が考えていた理想の教師像についてはこの本の「おわりに」で詳しく述べます。

秋山のつぶやき❻

竹ぼうきとか痴漢とか

本文で、通塾が生徒の勉強に与える悪影響について述べましたが、ここでは、そのことを全く分かっていなかった生徒のことを述べます。

僕がある日、塾から帰宅しようとして、塾の駐輪場に置いてあった自分の自転車に向かうと、自転車のサドルのシルエットが異常に長いことに気づきました。生徒がいたずらして、サドルの代わりに竹ぼうきを差し込んでいたという（笑）。いたずらした生徒はすぐに分かったのですが、その生徒はかなり遠くから塾に通っていて、ただでさえ通塾時間が長いのに、帰宅の際に時間をかけてこのいたずらをしたのかと思うと涙が出ました（笑）。僕の方はサドルを元通りにしてから帰宅しても、15分で家に着きました（笑）。

また、本文で、変質者に遭遇した女子生徒に付き添って警察に行ったと述べましたが、この時は直後に新たな事件が起きました。警察から塾に戻って授業のために教室に入ると、生徒の間では話が曲がって伝わっており、僕が痴漢をして警察に捕まったことになっていたのです（笑）。僕は政治・経済の授業で冤罪について教えていましたが、この時はその恐ろしさを身をもって感じました（笑）。まあ、おかげで以後の政治・経済の授業で話せるネタが1つ増えましたが（笑）。

第二部

何をどのように勉強するか（基礎編）

第二部からはいよいよ、何をどのように勉強するかという、勉強の中身について述べます。第二部ではその中でも、全ての教科に共通する勉強の基礎となることについて具体的に述べます。

第一章

覚える

物事を覚えるとは

物事を覚えるということは、どの教科を勉強する時にも必要なことですが、多くの生徒が覚えるということにかなり偏ったイメージを持っています。

ある時、僕に日本史の質問をしにきた高校生が持っていた教科書を見て驚きました。ほとんど全ての行に蛍光ペンが引かれていて、終戦直後の墨で塗りつぶした教科書のようになっていたのです。また、僕は読書が大好きで辞書の類《たぐい》もよく読むのですが、そのことを生徒に話すと決まって、「覚えられるんですか」という言葉が返ってきました。これらの例から分かることは、多くの生徒が、覚えるということを「与えられた情報を隅から隅まで暗記する」ことだと思い込んでいるということです。

今述べた、辞書を読むということを例に、物事を覚えるとはどういうことかを説明します。まず、僕が辞書を読むのは辞書が読んでいて面白いからです。僕はこれまでの人生で、英和辞典・英語語源辞典・英英辞典・数学辞典・国語辞典・漢字辞典をそれぞれ一冊ずつ読んできましたが、面白くないものをそんなに読めるはずがありません。僕が読んだ中で一番面白かったのは、白川静さんが書いた『常用字解』という漢字辞典で、これはたぶん日本人なら誰が読んでも面白いと思うのでお薦めです。要は、僕は辞書を覚えるために読んでいるわけではないのです。

ところが、辞書を読んでいると同じことが何度も出てくるので、それらのことは覚える気がなくても自然に覚えてしまいます。英和辞典について述べると、1日5ページのペースで、1年くらいで読み終わるうちに、大学受験に必要な単語・文法事項はどれも数百回レベルで出てくるので、嫌でも覚えてしまいます。また、同じことが何度も出てきて覚えていくうちに、1ページ読むのにかかる時間もどんどん短くなっていきます。ちなみに、僕の経験から英語について言うと、英和辞典を1冊読んだ後に自然に覚えてしまっている知識があれば、大学受験をする高校生を教えるのに知識に関しては全く困りません。

以上述べたことをまとめると、物事を覚えるということは「与えられた情報を隅から隅まで暗記する」ことではなく「与えられた情報の中で繰り返し出てきたことが自然に知識になる」ということです。

英語の単語帳などが出題頻度順に単語を収録しているのは、入試に出題された文章という与えられた情報の中で、繰り返し出てきた単語を優先して収録しようという発想ですが、これは今僕が述べたこととは違います。僕が問題にしたいのは、ではその英単語帳に収録されている英単語をどれくらいの期間にどれくらい繰り返し目にすれば覚えられるのかということです。僕は、英単語帳などは物事を覚えるためではなく、覚えたことを忘れてしまった時に使うべきものだと考えていますが、これについてはこの章の後の部分で詳しく述べます。

さて、物事を覚えるのにどれくらいの期間にどれくらい繰り返し目にすればよいかですが、僕の経験では以下のような感じです。生徒がある1年の間に数回のレベルで繰り返し目にしたものは、次の1年の間にほぼ忘れてしまいます。生徒がある1年の間に数十回のレベルで繰り返し目にしたものは、次の1年の間はほぼ覚えています。生徒がある1年の間に数百回のレベルで繰り返し目にしたものは、その後何年も覚えています。これらの数字はもちろん、生徒の覚え方や覚えることの具体的な内容などによって変わってきますが、目安として十分に使えます。

多くの生徒が、英単語帳を何回繰り返し勉強しても覚えられないなどと言うのですが、繰り返した回数とそれに要した期間を聞くと、1年で3回などの答えが多く、先ほど述べた1年で数十回という頻度を基準にしても、全く足りていません。こういうと、ほとんどの生徒が、1年に3回で覚えられる生徒もいる、自分は記憶力が悪いと言います。

しかし僕の経験では、覚えるのが得意な生徒は記憶力がよいというよりは、覚え方や覚えたことを忘れた時の対応の仕方が上手いといった方がより正確だと思います。次にこれらのことについて述べていきます。

覚え方（英語）

物事の覚え方を生徒に教える時、僕はよく次のようなことをしました。

例えば、ある生徒に「６２３０」「０６２３」「３０６２」という三つの数列を見せ、どれが一番覚えやすいかを聞くのです。この生徒は必ず０６２３と答えます。この生徒の誕生日が6月23日で、僕はそれをこの生徒の入塾申込書であらかじめ調べたうえでこの数列を使ったからです。次に生徒に、０６２３という数列から他の二つの数列を作るルールを考えてもらいます。よくある答えは、先頭の0を末尾に移動させたのが６２３０、末尾の3を先頭に移動させたのが３０６２というものです。これで生徒はこれらの三つの数列を覚えることができ、たぶん一生忘れません。

以上のことをまとめると、物事を覚える時には、既に知っていることに、これから覚えるべきことを、自分で作ったり発見したりしたルールに基づいて付け加えるようにすれば忘れにくいということです。このことを、英単語を覚えることと、数学の定理や公式を覚えることを例に、より具体的に説明します。

まず、英単語を覚えることについて述べます。生徒は中学校を卒業するまでに2000語以上の英単語を覚える必要がありますが、実は、そのうちの7割近くがカタカナとして日本語になっています。僕が生徒に英語を教える時は、まずこのカタカナになっている英単語から勉強するようにしていました。生徒が英単語の意味を既に知っており、発音とつづりを覚えることだけに集中できる分、カタカナになっていない英単語より覚えやすいからです。

最初に、カタカナになっている英単語の、英語での発音を確認し、生徒にいくつかのルールを発見してもらいます。例えば、カタカナでは「キャット」「ドッグ」と言うが、英語のcat, dogに「ッ」の音はないといったルールなどです。次に、英単語のつづりを書きながら、ここでも生徒にいくつかのルールを発見してもらいます。例えば、日本語の「エ」に近い英語の音（発音記号ではe）は、bed, headのように、eと書くこともあればeaと書くこともあるといったルールです。このような方法に比べ、従来のカリキュラムでは、例えば、月や曜日を表す英単語をかなり早い段階で生徒が勉強しますが、これらの英単語はカタカナになっていないものが多いうえに、発音とつづりの対応のルールに例外的なものもあり、生徒が最初から英語嫌いになるリスクが高いと思います。カタカナになっている英単語から覚えるという方法に興味を持った人は、僕が作った『カタカナから覚える中学英単語』というドリルをぜひ使ってみてください（発売中）。

このようにしてカタカナになっている英単語を覚えてきたら、次はカタカナになっていない英単語を覚えることにとりかかります。この時に僕がよく使っていたのが、漫画を使う方法です。生徒の多くが漫画を読んでおり、その中には生徒がストーリーや登場人物のセリフを覚えるくらいまで読みこんでいるものがあります。僕はそのような漫画の英語版を生徒に貸し、それを読むことでカタカナになっていない英単語を覚えてもらっていました。この方法は、第一部の第五章で述べた理由で、生徒の勉強へのモチベーションを高める効果もあります。ちなみに、僕が15年のキャリアで最も多く生徒に貸したのは『ジョジョの奇妙な冒険』の英語版でした。

中学校卒業後から高校卒業までに新たに覚える必要がある約４０００語の英単語につ

いても、基本的には同じように勉強しますが、この段階では一つ新たな方法を追加します。それは、辞書で英単語の意味を調べる必要がある時に、英和辞典ではなく英英辞典を使うということです。

この方法には二つの効果があります。一つ目は、中学校卒業までに生徒が覚えた英単語の復習になるということです。多くの英英辞典が、見出し語の意味を、２０００〜３０００語くらいの決まった英単語だけを使って説明しており、これらの英単語には、中学校卒業までに生徒が覚えた英単語がかなり含まれているからです。英英辞典を使うことの効果の二つ目は、大学入試で問われることの多い、英単語の語法についての知識が自然に身につくということです。例えば、日本語訳では似た意味になるいくつかの英単語をどのように使い分けるかといった知識などです。

覚え方（数学）

次に、数学の定理や公式を覚えることについて述べます。ここでは生徒が高校の数学ⅠＡで覚える余弦定理を例に説明します。図1を見てください。

図 1.

高校生で覚える余弦定理

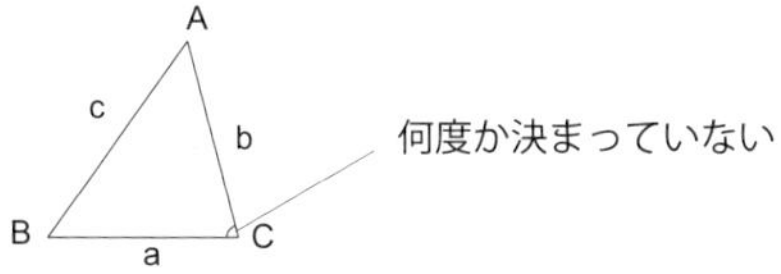

$c^2 = a^2 + b^2 - 2ab\cos\angle C$

↓ 具体化・特殊化

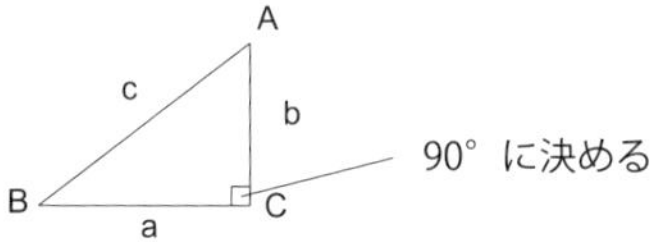

$c^2 = a^2 + b^2 - 2ab\cos 90^\circ$

‖ 同じ

中学生で覚える三平方の定理

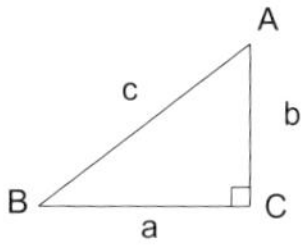

$c^2 = a^2 + b^2$

a>0、b>0だから、$\cos 90^\circ = 0$ ということ。
また、$-2ab\cos 90^\circ$ の部分に c は出てこないと覚えてよい。ここに c が出て来たら、左辺に c^2 があるため式はさらに変形され、公式が全く違う形になる。

↓ 具体化・特殊化

小学生で覚える直角三角形

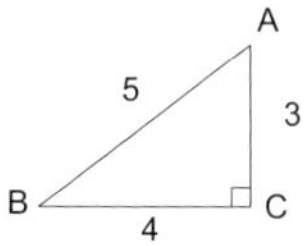

$5^2 = 4^2 + 3^2$

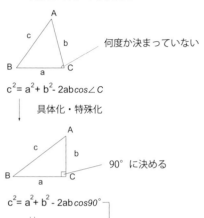

要は、余弦定理を具体化・特殊化すると、中学生の時に覚えた三平方の定理になり、それをさらに具体化・特殊化すると、小学生の時に覚えた、各辺の比が3対4対5になる直角三角形になるのです。逆に言うと、小学生の時に覚えた、各辺の比が3対4対5になる直角三角形を抽象化・一般化していったものが余弦定理なのです。ですから、余弦定理が覚えにくい場合は、図で説明したように、余弦定理と、既に覚えて知っている、より具体的で特殊な定理の関係を一つのルールとして捉えてみるのがよいと思います。このように、物事の抽象化・一般化と具体化・特殊化を自在に行うことは数学の本質の一つで、これに早くから慣れることは非常に重要です。このことが数学以外の教科でも重要であることを第二章で詳しく述べます。また、このことが数学と理科の関係にとって特に重要であることを第三部の第三章で詳しく述べます。

忘れた時は

この章の最後に、いったん覚えたことを忘れてしまった場合の対応法について述べます。先ほど述べたような覚え方で物事を覚えたとしても、人間、忘れる時は忘れます。そこで大切なことは、忘れたと思った時に、すぐ覚え直すということです。忘れたと思ってから時間が経ったあとで復習してもあまり意味がありません。そもそも、あとで復習しようと思っても、人間、そのこと自体をよく忘れます。

忘れたと思った時にすぐ覚え直すためには、普段からそのための道具などを持ち歩いていると便利です。僕は、英単語帳などは、この目的のために使うものだと思っています。このような道具を持ち歩いていない時でも、自分が忘れてしまったことを知識として持っている人が周りにいれば、その人にすぐ聞くということができます。

教師は生徒の側に常にいるわけではありませんから、この点については、生徒の友人などの役割が大きくなってきます。僕は、進学校と呼ばれる学校が生徒の勉強の成果をあげられるのは、この点によるところが大きいのではないかと思っています。僕も中学校・高校と、いわゆる進学校にいたのですが、よく一緒にいた友人たちの中に、「この教科のことは彼に聞いたら何でもすぐ分かる」という、その教科でクイズ王のような友人が教科ごとに1人はいて、自分が勉強で物事を覚えるうえでとても助かったことを覚えています。

秋山のつぶやき❼

丸暗記とかレッサーパンダとか

本文で、生徒が、与えられた情報を隅から隅まで暗記しようとするということを述べましたが、ここでは、生徒のこのような丸暗記の力が実は相当高いということを述べたいと思います。

僕は、英語の授業で長文を扱った時は、その日本語訳を生徒に配るようにしていました。後日、授業に出ていた生徒達に、個別指導のプリントで、同じ英文の一部の下線部訳をしてもらうと、配った日本語訳と一語一句、完全に同じ日本語を書いてくる生徒がけっこういました（笑）。同じことをするのは僕には不可能で、驚かされるのですが、さらに驚かされるのは、下線を引いていない続きの英文についてまで、配った日本語訳と一語一句、完全に同じ日本語訳を書いてくる生徒がちょくちょくいたことです（笑）。若さの力って凄いな、と（笑）。

また、本文で、物事を覚える際に、既に知っていることを活用する方法を述べましたが、僕は、生徒が時間を有効に使えるように、生徒が既によく知っていることは重ねて教えないことを基本方針にしていました。

ある時、中学生の生徒が僕に「捕らぬ狸の皮算用」の英訳を聞いてきたのですが、僕は「ノー・レッサーパンダ、ノー・レザーパンツ」と答えました（笑）。するとその生徒は「知らないからごまかしている」と言ってきました。僕が「僕がちゃんと答えないのは、君がその答えを既に知っているのに聞いてくるからだ」と言うと、その生徒は驚いて、なぜそれが分かったのかと聞いてきました。僕は「君の学校の先生は、毎年この時期に必ず、同じ英語のことわざのプリントを試験範囲にするからね」と答えたのでした（笑）。

第二章

覚えたことを使う

応用力？

この章では、覚えたことを使うことについて述べます。いわゆる「応用力」についての話なのですが、この言葉は様々な意味で使われていて誤解を招きやすいので、ここでは「覚えたことを使って、これまで解いたことのある問題より何らかの意味で難しい問題を解く力」と定義して話を進めたいと思います。

生徒の保護者と面談していると、保護者が生徒に応用力がないことを嘆くことがよくあります。この場合、保護者は、生徒に難しい問題を解くための勘やセンスがないという意味で言っているのですが、僕の経験では、問題はその手前にある場合がほとんどです。要は、生徒が覚えるべきことをしっかり覚えていないということです。

生徒・保護者の多くは、この「しっかり覚える」ということの意味を緩く捉えています。僕がここで言う「しっかり覚える」は「百発百中できる」という意味です。例えば、大人が掛け算の九九を一の段から九の段まで一つも間違えずに言えるというようなことです。これは第一章で述べた方法でクリアしていくしかないことで、これを勘やセンスの問題にすり替えてしまうと、問題は解決しません。

覚えるべきことを「しっかり覚える」ことができたとして、次に、難しい問題を解くための勘やセンスをどのように身につけて行くかについて述べます。僕は、難しい問題を解くための勘やセンスがあるというのは「物事を抽象化・一般化したり、逆に具体化・特殊化したりすることに慣れている」ということだと思っています。これは第一章で数学の本質の一つとして述べたことそのものなのですが、数学以外の教科についても全く同じことが言えます。このことを、数学と英語を例に説明します。

「抽象化・一般化」と「具体化・特殊化」

まず、数学の例ですが、ここでは生徒が高校の数学ⅠAで勉強する2次関数をとりあげます。図2（93ページ）を見てください。

図2で述べたことから分かることは、問題を解けるようになるために、より抽象的・一般的な事例とより具体的・特殊な事例を行ったり来たりしているということです。僕

は、この行ったり来たりを生徒の理解の程度に合わせて行うことが、教師の腕の見せ所だと思っています。これを行うには、生徒の問題の解き方をきめ細かに分析し、生徒がどこでつまずいているのかをよく把握する必要があるからです。

そして、このような分析を効率よく行うためには、生徒に解いてもらう問題の質と、複数の問題を解いてもらう際の順番が重要になってきます。これらのことは、数学・英語などの教科の違いに関わらず重要で、僕がキャリアの半ばを過ぎたころに勤務していたIT企業でTOEIC対策のためのPCソフト教材を開発した時も、これらのことを最も重視して演習問題の作問を行いました。そして、その後、フリーの家庭教師になった時も、これらのことに対する感度を維持するために、家庭教師をしながら、他の塾が実施する試験の作問も行っていました。

物事を抽象化・一般化したり、逆に具体化・特殊化したりすることで難しい問題を解けるということの例として、次に、英語の作文の話をします。

僕は、京都大学を受験する生徒のための英作文の授業をしたことがあるのですが、京都大学の英作文の問題は、かなり長くて内容も難しい日本語の文章を英語にするという

図 2.

問 1.　2 次関数 $y=x^2-2x+2$ の $0 \leqq x \leqq 1$ での最大値を求めよ。

$y=x^2-2x+2$
$\quad =(x-1)^2+1$

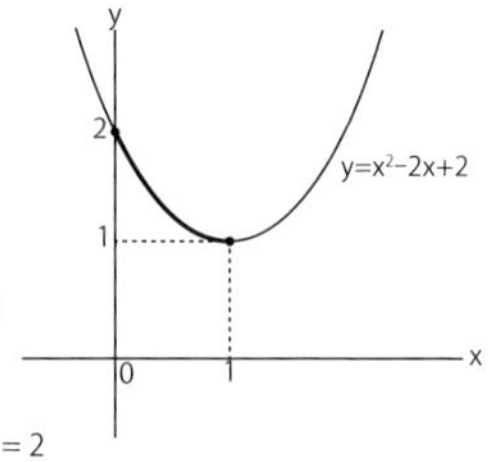

この変形を「平方完成」と言い、グラフを描くために必要な技。
これが、本文で先ほど述べた、「百発百中できる」ようにしておく必要がある技の例。

y は x = 0 の時に最大値をとり、$y=0^2-2 \cdot 0+2=2$

問 2.　2 次関数 $y=x^2-2ax+2$ の $0 \leqq x \leqq 1$ での最大値を求めよ。

$y=x^2-2ax+2$
$\quad =(x-a)^2-a^2+2$

$a<1/2$、 $a=1/2$、 $a>1/2$ で場合分け…

なぜ急に場合分けするのか？
そもそも 1/2 はどこから出てきたのか？

ここで問 3 ！　問 2 の a に 1/2 を代入した、

2次関数 $y=x^2-x+2$ の $0 \leqq x \leqq 1$ での最大値を求めよ。

$y=x^2-x+2$
$\quad =(x-1/2)^2+7/4$

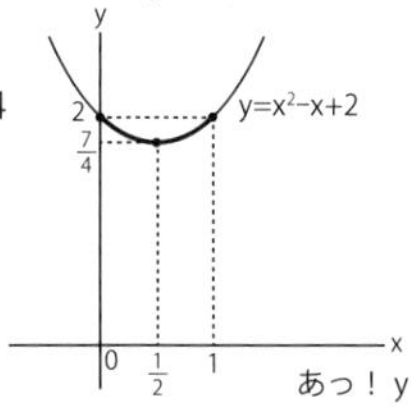

あっ！ y が最大値をとる x の値が 2 つある！

ここで問 2 に戻る！

なぜ急に場合分けするのか、どこから 1/2 が出てきたのかはもう分かったはず。

あとはそれぞれの場合のグラフを考えて答えを出せばよい。

紙が足りないから各自でやってみて。

もので、初めから自由英作文で同じくらいの長さの英語の文章を書くことにはない難しさがあります。ある時、その授業に出ていた生徒が、練習問題で「感染症の拡大を防ぐために」という日本語を無理に直訳し、かなり減点の大きい英文を書いたので、僕はその生徒に次のようなことを教えました。

まず「感染症」の直訳に自信がなかったのなら「感染症」を少し抽象化した「病気」という言葉の直訳であるdiseaseを使えば、少しの減点で済んだと言いました。次に、この場合の「拡大」の直訳には確信を持てないのが普通なので、それを避けるために、感染症が拡大している時に、その場に存在している具体的なものを思い浮かべて、他の表現を使う方が安全だったと言いました。感染症が拡大している時には、その場に感染症にかかっている人々がいるはずで、more people get（より多くの人々が～にかかる）など、採点者がほとんど減点しようがない表現を使うことができたのです。

これら二つの発想はそれぞれ、物事を抽象化・一般化することと、物事を具体化・特殊化することそのものです。

超難問へのチャレンジ

以上述べて来た「物事を抽象化・一般化したり、逆に具体化・特殊化したりすること」はさらに、創造性や天才などとも深い関係があるのですが、これについては第三部の第三章で詳しく述べます。ここでは最後に、解くために誰も思いつけないようなひらめきを必要とする、いわゆる超難問について一言注意しておきたいと思います。

生徒にも教師にも、超難問を解くことに情熱を燃やす人が必ずいます。僕はそのようなチャレンジそのものは意味のあることだと思っていますが、チャレンジをいつ行うのかということには注意すべきです。要は、試験中に解いている問題にそのような超難問の臭いを嗅ぎつけたら、即、その問題は捨てるべきだということです。この見切りについては、第三章でミスを減らす方法について述べる際に詳しく述べます。

秋山のつぶやき❽

オタク

どの教師も自分が教えている教科に関しては、多かれ少なかれオタクです（笑）。問題はオタクにもいくつかの流派があることで、生徒・保護者はそれらの流派について知っておくと役に立ちます。

オタクの流派の1つは、僕のように、生徒に解いてもらう問題の作成やそれらの配列に凝るというものです。この流派のオタクは、生徒が他の問題集の問題について質問してくると、質問に答える代わりに、自分が作った一連の類題を解かせにかかります（笑）。

オタクの他の流派としては、本文の最後に述べた、超難問を解くことを生きがいにするというものがあります。この流派のオタクは、生徒が、自分の担当教科が好きだと分かると、生徒がその教科を嫌いになるまで超難問を解かせにかかります（笑）。

いずれの流派も、悪気は全くありません。単にオタクなだけです（笑）。

第三章

ミスを減らす

ミスとは

この章では、生徒が勉強で問題を解く時に犯すミスを減らす方法について述べます。生徒・保護者にまず知って欲しいことは「ミス」という言葉の捉え方です。多くの人が「ミス」という言葉を「うっかりミス」や「ケアレスミス」といった言葉から感じられるような、何か軽いニュアンスで使っていますが、僕の経験では、そのように思っているうちは、ミスは減りません。

僕が教えた小学生の生徒で、１００点満点のテストで常に20点か40点をミスで失点する生徒がいました。人間は誰でもミスを犯すものですが、僕は、そのような人間の限界として許されるミスは、１００回に数回という頻度のものだと思っています。大学入試についても、それ以上の頻度のミスは合否を左右することが多いです。ですので、この生徒が野球好きだったこともあって、僕はこの生徒に次のような喩え話をしました。

野球で一塁手が普通の送球を受けるとして、１００回に1回それを落とすのなら「野球の試合の中でのエラーとして記録される」が、１００回に40回落とすとなると「野球の試合そのものがまともに成立しなくなるので、その一塁手は試合から追い出されて試合に出られなくなる」という話です。厳しい話ですが、それが現実です。

僕がＩＴ企業で勤務していた時に、他の従業員の仕事を評価する立場になった時は、１００回に１回のミスでさえ、それを犯した従業員を解雇したくなったことが何度かありました。ここで僕が言いたかったのは、ミスの中には、早急にそれを減らす努力をしないと、生徒が後の人生で活躍できる場所を極端に狭くしてしまうような、深刻な頻度で犯されるものがあるということです。「うっかり」や「ケアレス」と言っているだけでは済まないのです。

ミスを減らす方法

次に、ミスを減らすための具体的な方法を述べます。ミスを減らすためには、その原因を特定することが大切で、そのためにはまず、教師が、生徒が問題を解くために書いたことの全てを分析する必要があります。生徒がテストを受けた場合なら、答案用紙だけでなく、問題用紙・計算用紙・下書き用紙などに書かれたことも分析します。ここでは、このような分析について、ミスが最も頻繁に発生する教科である数学を例に説明します。

生徒がある数学の問題を解くために書いたものを全て分析すると、ミスにも様々な原因があることが分かります。いくつか例を挙げると、そもそも生徒の字が雑で生徒本人が自分で書いた字を読み間違える、問題用紙・計算用紙に書いたことを答案用紙に写す時に写し間違える、暗算すべきことを書いて計算して書き間違える、逆に、計算用紙に書いて計算すべきことを暗算して間違えるなどです。

これらの原因を具体的にどのように解消するかは生徒によって異なり、ここが教師の腕の見せ所ですが、僕の経験から、多くの生徒に共通して有効だった方法は、問題を解く時の手数を減らすようにするということでした。先ほど挙げた例で言うと、問題用紙・計算用紙と答案用紙の行き来を減らし、書かずに済ますべきことは書かないということです。

いずれも暗算を上手に使うことが一つのポイントになりますが、ここで言う暗算は、単純な計算力だけでなく、計算を楽にするテクニックや、よく使う計算の結果を覚えているということなども含みます。単純な計算力とは、電卓的な計算の正確さとスピードのことです。計算を楽にするテクニックとは、例えば、99×19を（100−1）×19

＝１９００－19＝１８８１のように計算することです。よく使う計算の結果を覚えているということは、例えば、2^{10}＝１０２４を覚えているということです。暗算の上達法については多くの数学教師が生徒に教えますし、世の中にそれについての良書も多いので、ここではこれ以上立ち入りません。

制限時間

今述べたこととも関わってきますが、生徒のミスの原因で他によくあることとして、問題を解く時間が足りなくてあわてるということがあります。これについて僕は、生徒に協力してもらって次のような実験をしたことがあります。

高校3年生のあるクラスで、２００字の日本語の文章で、内容も特に難しくないものをそのまま写すという課題をしてもらったのです。制限時間なしでしてもらったところ、5分で全ての生徒が完了し、写し間違いもほとんどありませんでした。次に、同じ高校3年生の別のクラスで、制限時間を2分として全く同じ課題をしてもらったところ、予想通り写し間違いは増えました。面白かったのは、同じ高校3年生のさらに別のクラスでの結果です。このクラスで僕は、制限時間を5分として全く同じ課題をしてもらったのですが、制限時間を2分としたクラスと同じくらい写し間違いがあったのです。制限時間なしとしたクラスは5分で全ての生徒が課題を完了し、写し間違いはほとんどなかったのですから、生徒は制限時間があるというだけで、あわててミスをするものだと考えてよいと思います。

問題を解く時に時間が足りなくてあわてるということを解消するには、先ほど述べた、暗算の上達のような、問題を解くスピードを上げるための努力ももちろん有効ですが、僕がそれよりも生徒に勧めていた方法は、解く必要のない問題は最初から捨ててかかり、その分の時間を他の問題に回すという「問題の見切り」を行うことでした。

この「問題の見切り」について、僕が、東京大学を志望していたある高校3年生の生徒に、東大の英語の過去問の解説をした時のことを述べます。当時の東大の英語の問題には、英語の長文の段落を正しい順番に並べ替えるという問題があったのですが、この問題は難しいうえに、配点が少なく、記号で解答するため部分点もないというものでした。この生徒はこの問題が苦手なことを気にしていたので、僕は、英文の要約や自由英

図 3. テストの点数と人数の場合の正規分布のグラフ

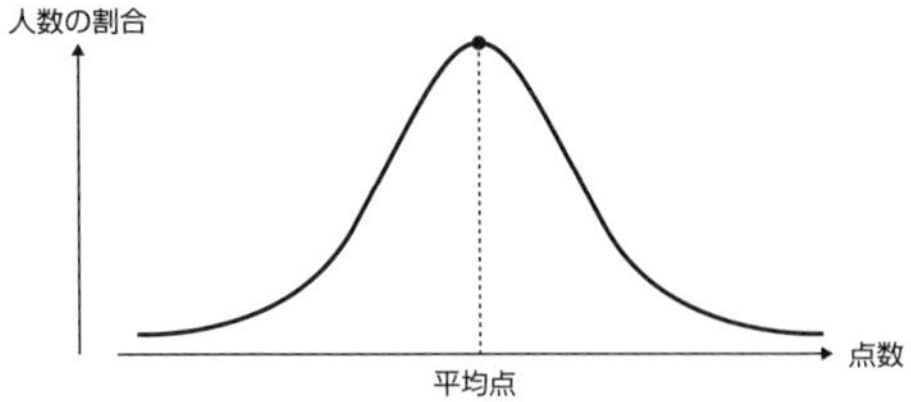

点数はふつう 0 点〜100 点で飛び飛びの数値なのに、
グラフでは点数の横軸が左右に無限に連続して伸びているのが気になるかもしれないが、
そこは高校数学ではあまりつっこまない。
「平均点」は厳密に言うと点数の「期待値」で、これは高校数学でも後者を使う。

作文など、他のより得点しやすい問題が解ければ何の問題もないと言いました。ところがこの生徒は、最終的に東大に余裕で合格したくらい優秀な生徒で、完璧主義の傾向があり、すぐに僕の言うことに納得してくれませんでした。

　そこで僕はこの生徒に、入試問題を作る側の技術的・政治的な都合の話をしました。作問する側の技術的な都合とは、試験を受けた全生徒の得点分布を、統計学で言う正規分布（図３）になるべく近づけたいということです。例えば、試験を受けた生徒の得点にほとんど差がつかないような作問をしないようにすることなどです。作問する側の政治的な都合とは、例えば、入試問題の内容によって、その学校に対する関係者の評価を上げようとすることなどです。

僕はこの生徒に、作問する側のこれらの都合に完全に付き合おうとする勉強が、本当に意味のある勉強かよく考えてみて欲しいと言いました。結局この生徒は、こだわっていた英語の問題の対策に割こうとしていた時間を、大学入学後のことも考えて、現代文の論説文の問題をじっくり解くことに回すようになりました。以上述べたことは、第二章で述べた、いわゆる超難問にいつチャレンジすべきかという話とも関係しており、生徒と教師が十分に注意する必要があります。

秋山のつぶやき❾

バレンタイン

本文では生徒のミスについて述べましたが、ここでは教師の僕がしでかした大きなミスについて述べます。

そのミスは僕がキャリアの1年目の年のバレンタインデーがきっかけで起こりました。当時の僕は塾の3つの校舎を行き来して授業をしていたため、バレンタインデーに生徒から何と200個近くのチョコレートを貰ったのです。ホワイトデーにお返しをする時に、貰ったチョコレートが1個平均千円くらいだろうと当たりをつけ、百貨店で千円のお菓子を200個買ったのですが、この大雑把かつ単純な計算が大きなミスでした。合計金額は冷静に考えると当時の僕の手取り月収に近く、その月の僕の生計が破綻しかけたのです（笑）。

バレンタインデーに関する僕の大きなミスはさらに続きました。この年のことに懲りた僕は、授業で生徒に、「来年からは、僕のことを本当に愛している生徒のチョコレートしか受け取らない」と言いました（笑）。すると次の年のバレンタインデーに、生徒が1人だけ、しかもチョコレートではなく手作りケーキを僕に渡しに来たのです。この苦境を僕はいかにして乗り越えたのか乗り越えられなかったのか…（笑）。僕は、生徒と教師の恋愛をテーマに、いつか小説の形で書くのもありかな、と思っていますので、この本を読んだ人からそちらも読みたいという要望が100万件届いたら書こうと思います（笑）。

第四章

試験本番に緊張しない

緊張しない方法

この章では、試験本番に緊張しない方法について述べます。とは言っても、他の章に比べると述べられることはそれほど多くありません。それでも、僕のキャリアでかなり多くの生徒から相談されたことですので、一章を設けて述べることにします。

試験本番に緊張する、と生徒から相談される度に、僕が生徒に聞いたのは「模試や塾内でのテストでも緊張するのか」ということでした。ほとんどの生徒は、模試や塾内でのテストでは緊張しないと答えました。これでは試験本番に緊張するのは当たり前です。

そもそも、試験本番に全く緊張しないという人間はほとんどいないと思います。ただ、人間は同じような緊張感を何度か経験すると慣れてきて、緊張の程度はましになります。僕が生徒に言っていたのは、練習の時から本番に近い緊張感でやらないと、本番の緊張を和らげることはできないということでした。つまり、試験本番の直前に、試験本番に緊張しない方法を探しても手遅れなのです。ただ、生徒本人の意識の持ち方を変えるだけでは、練習の時から本番と同じ緊張感を持つということは難しいです。そこで、他の工夫が必要になってきます。

僕が高校3年生の時に国語を教えてくれた岡山先生は、生徒に練習の時から本番と同じ緊張感を持たせるために、次のようなことをしていました。センター試験の国語の過去問から大問一題を丸ごと、学校の定期考査の中で必ず出題していたのです。

こう言うとごくありふれたことだと思うかもしれませんが、続きがあります。学校の定期考査の国語は１００点満点で、そのうち、センター試験の国語の過去問の部分の配点は20点だったのですが、この部分に関しては、何か一つでも間違えたら一つにつき10点減点、要は、漢字の問題を二つ間違えても、この部分の得点はもう0点という採点方法だったのです。そして、これで１００点満点での点数が赤点なら、容赦なく保護者呼び出しでした。僕をはじめとする生徒達は、緊張感を持たざるを得ませんでした。

岡山先生の方法は極端な例かもしれませんが、僕も似たような発想で、生徒が模試の時から一定の緊張感を持つようにするために、生徒に次のようなことを提案していました。それは、生徒が次の模試で目標を達成できなかった場合は、小遣いを1か月分なしにすることを、三者面談の場で保護者に約束してはどうか、というものです。この提案を採用してくれる生徒はわりといましたし、僕は、一定の効果はあったと思っています。

最後に、今述べたような長期的な努力ではなく、試験本番の前日や当日でもできることを一応述べておきます。それは、その時点まで来てしまったらもう、試験が上手くいったあとの自分をなるべく具体的に想像し、リラックスするということです。試験結果についてあれこれネガティブな想像をして試験を受けても何もいいことはありません。これはありきたりな方法かもしれませんが、試験本番の前日に、教師の手を握り締めて学力を送り込んでもらうといったまじないよりは効果があると思います。僕は毎年、この手の生徒の要望にけっこう複雑な気持ちで応えていました。

秋山のつぶやき⑩

現実逃避

本文で、試験本番に緊張しない方法について述べましたが、ここでは、僕自身の試験本番の緊張について述べようと思います。

僕は中学受験を経験したのですが、この時はかなり緊張しました。しかし、この時の経験で慣れがあったおかげで、次の大学受験の時には同じような緊張はほとんどありませんでした。

盲点だったのは、中学校・高校と男子高であったため、大学受験の会場で周りに女の子がたくさんいてそわそわし、別の変な緊張感が出てきたことです（笑）。そこで僕は、本文でも述べた、試験が上手くいったあとの自分を具体的に想像してこの緊張感を和らげる作戦に出ました。大学に合格し、彼女ができ、その彼女とあんなことやこんなことを…と(笑)。にやにやしながら試験を受けていた僕は、傍から見れば、問題が解けずに現実逃避している危ない人にしか見えなかったことでしょう（笑）。

第三部

何をどのように勉強するか（発展編）

第三部では「何をどのように勉強するか」という勉強の中身について、教科ごとに、生徒が大学に入学した後のことや小学校に入学する前のことまで視野に入れて具体的に述べます。

第一章

文系理系

文理の区別

教科ごとの勉強の中身の話に入る前に、どうしても述べておきたいことがあるので、この章ではまずそれについて述べます。それは、文系・理系の区別についてです。僕は、生徒や、生徒がする勉強を文系・理系に区別することにはそれなりの理由があると思っていますが、生徒がこの区別に囚われすぎるのは、生徒の勉強に確実に悪影響をもたらすと思っています。

ある時、高校3年生の理系の生徒が僕に、理系の生徒が文系の教科を勉強する意味は全くないと言いました。似たようなことを言う生徒は文系にも理系にも多かったのですが、たいていは自分が苦手な教科に対する冗談交じりの恨み言でした。しかし、この生徒は大真面目でそう断言しており、このままでは大学入学後に大恥をかくと思って、僕はその生徒に物申しました。

まず、その生徒は物理が好きだったので、僕はその生徒に、知っている物理学者の名前を挙げてもらいました。すると、ケプラーやニュートンの名前が挙げられました。次に、僕はその生徒に、宗教的なものについての研究は文系のすることか理系のすることかと聞きました。その生徒は、文系のすることだと答えました。そこで、僕はその生徒に、ケプラーがいわゆる「ケプラーの法則」を導くための膨大な計算を人力で遂行できたのは、彼が星占いを研究し、宇宙の調和に対する神秘主義的な信仰を持っていたからだということを話しました。また、ニュートンが晩年に神秘主義的な数学を用いた聖書の解釈を行っていたことも話しました。するとその生徒は、それは彼らが昔の人だったからだと言いました。そこで僕は、現代数学の基礎となる集合論を築いて20世紀に亡くなったカントルという数学者の業績も、彼のキリスト教神学に対する理解や、キリスト教神学者との交流なしにはありえなかったという話をしました。その生徒は少し戸惑いながらも、ついさっき自分が言ったことについて考えてくれているようでした。なお、宗教と人間の知性の関係については第五章で詳しく述べます。

この生徒の例からも分かるように、生徒が文系と理系の区別に囚われすぎることは、生徒が勉強する際の生徒の視野を狭くし、生徒が好きで得意な教科の理解にさえ悪影響を及ぼします。さらに、教育・学問の学際化・総合化が言われるようになって久しいことも考えると、生徒が文系と理系の区別に囚われ過ぎることには、何もよいことがないと言ってよいと思います。また、異なる学問分野間の交流は、創造性や天才とも密接な関係があり、このことは第三章で詳しく述べます。

説明する力

この生徒と話した時に僕が、話の流れとはいえ、ケプラーやニュートンほど生徒になじみのないカントルの話をしたことには理由があります。そしてそれは、僕がそもそもなぜ生徒に勉強を教える仕事を始めたのかということに深く関わっていますので、ここで少し述べておこうと思います。

僕は中学生のころからプロのギタリストになることを目指していましたが、大学2年生になるころにはそれに行き詰まりを感じていました。バンド活動をする中で、自分で作ってかっこいいと思っている曲であればあるほど、聴く人やバンドのメンバーにはそう思ってもらえなくなっていたのです。おそらくこのことが原因で不眠症にもなり、生きていることそのものがつらくなっていました。このままではまずいと思い、問題の解決法を考えているうちに、「ある人間が、世界は自分が思っていたようなものではないと気づく経験」について大学で勉強するようになりました。

僕は、人間のこのような経験について大学の専攻で勉強していた時、人間のこのような経験の具体例が多く見られる分野として、数学と宗教を主に扱っていたのですが、これが問題を引き起こしました。僕が所属していた文学部のどのゼミでも、僕の発表に数学の話が含まれているというだけで、ほとんどの人が僕の発表を真面目に聞いてくれなかったのです。もちろん、僕の発表に数学の話が含まれる理由も明確に述べましたし、数学の予備知識がない人にもなるべく分かるように工夫したのですが、数学というだけでダメなのです。当時、大学で僕の話を真面目に聞いてくれる人は数名しかいませんでした。

その数名の中に、瀧川裕貴さんという僕の1年先輩の方がいたのですが、瀧川さんはその後、文学部卒でありながら高いレベルの数学を修得し、現在は東北大学の助教・スタンフォード大学のコンピュータ・サイエンスの研究所の研究員として、数理社会学を専門にされています。僕はこの瀧川さんが執筆に参加した、大学生・大学院生向けの数理社会学の教科書である『社会を数理で読み解く―不平等とジレンマの構造』の、瀧川さんが執筆した部分を読んだ時「ああ、やはり」と思いました。瀧川さんの説明はとても丁寧で、僕が高校生に数学の確率漸化式を教えた経験から、生徒がよくつまずくと思っていた点についてまで配慮されていました。僕が生徒に勉強を教える仕事をするようになったきっかけは、このような、「相手にとって難しいことを、相手に分かりやすく説明する力」が自分にあったら、という思いでしたから、瀧川さんの説明を読んだ時に、瀧川さんも僕と同じようなことを経験し、同じような思いを持っていたに違いないと思ったのです。

僕が大学での勉強で先ほど述べたようなことに苦労している時に、文系と理系の区別についての僕の考え方に決定的な影響を与えた、ある本に出会いました。それは落合仁司さんが書いた『神の証明―なぜ宗教は成り立つか』という本でした。これは先ほど名前を挙げたカントルが築き上げた、現代数学の集合論の立場から、キリスト教神学の、日常言語では矛盾としか考えられない主張のいくつかを、合理的に説明できることを示した独創的な本です。

この本を読んで僕は、自分が勉強するうえで、理系と文系の区別をいっさい気にしなくなり、これは生徒に勉強を教える仕事をするようになってからもキャリアの最後までずっと続きました。このことが、僕が、先ほど述べた生徒に、カントルの話をした理由です。このあたりのことに興味を持った人には、先ほど名前を挙げた落合さんがのちに書いた『カントル　神学的数学の原型』という本をお薦めします。この本の序文2ページを読むだけでも、文系と理系の区別について深く考えさせられます。

ちなみに、落合さんは、現在、同志社大学経済学部の教授をされており、お仕事で年に一度ほど広島に来られます。僕はこの数年で何度かお会いしてお話しする機会があり、初めてお会いした時に、「先生の本は難しいことを分かりやすく説明する教育的配慮に満ちているので昔から大好きでした」と言いました。すると落合先生は「それが愛だから」と、さらっとおっしゃったのでした。僕はこのような種類のかっこよさを持った人を他に知りません。

秋山のつぶやき⓫

スケールの大きさ

本文で、僕が大学生の時に、自分が勉強するうえで文系と理系の区別を気にしなくなったと述べましたが、僕は生徒にも同じような話をよくしていました。生徒はここだけ聞くと、僕という人間のスケールが大きいと言ってくれることがあるのですが、そのような生徒も、僕が高校生の時に理系ではなく文系を選んだ理由を聞くと、とたんに僕のことを人間のスケールが小さいと言い始めます（笑）。

僕が高校生の時、理系ではなく文系を選んだのは、文系の方が、女の子が多いという、ただそれだけの理由でした（笑）。第一部の第三章で述べたように、僕はプロのギタリストになりたかったので、そもそも大学を受験する気がなかったのですが、ある時、気づいたのです。僕は穏やかでおとなしい女の子が好みだったのですが、僕のやっていた音楽はヘビメタで、このままでは激しい性格の女の子にしか出会えないのではないか、と（笑）。もっとも、大学で僕の周りにいた女の子も激しい性格の子ばかりでしたが（笑）。僕が自分の好みの通りの女性と結婚できたのは、ようやく数年前のことでした（笑）。

第二章

英語

英語の早期教育

この章では、英語について、何をどのように勉強するかを、生徒が大学に入学した後や、小学校に入学する前のことも視野に入れながら具体的に述べます。

近年、小学校入学前の英語の早期教育が流行しており、僕もキャリアを通じて保護者からよくこれについて聞かれたのですが、僕はこれにそれほど大きな意味があるとは思っていません。

英語の早期教育のメリットとして最もよく言われるのは、英語を聞き取る力は幼いうちの方が身につきやすいということで、それはその通りなのですが、これには注意が必要です。僕はＩＴ企業に勤務していた時に、幼児用の英会話教材も開発したことがあり、英語の早期教育に関する専門家の様々な研究を調べたことがありますが、そこでは、幼児が持つ、世界の言語に存在する全ての音を区別する能力は、生後6か月から1年で急速に低下するということが定説になっていたからです。

僕自身について述べると、僕は英語の早期教育を受けた経験はなく、そればかりか、大学を卒業して生徒に英語を教える仕事につくまでに、学校の授業以外に留学やホームステイでも経験したことがありませんでした。それでも、英会話に極端に苦労した記憶はありません。ここで言う英会話とは例えば、大学での英語圏出身の友人との日常会話、新婚旅行先での買い物のための会話、ＩＴ企業での英語圏出身の同僚との仕事上の会話などです。

もちろん僕は、英語の読み書きに比べれば会話は苦手でした。ＩＴ企業に勤務していた時に、ＴＯＥＩＣ対策のＰＣソフトを開発するために、実際にＴＯＥＩＣを受けた時も、リーディングの方は満点でしたが、リスニングの方は満点に30点届きませんでした。ちなみにこれは僕が生徒に英語を教える仕事を始めて7年たった時の成績です。要は、早期教育を受けずに学校の勉強だけをしていても、通常の英会話にはそれほど困らないということです。

早期教育の危険性

むしろ、英語の早期教育は、やり方を間違えると生徒にとってデメリットの方が多いと思います。ここでは英語の早期教育のよくないやり方として二つのものについて述べます。

一つ目は、英語の早期教育を、他の教科を勉強する時間を減らして行うというものです。これをしてしまうと、生徒は英語の読み書き・会話そのものはできるようになっても、読み書き・会話することの内容が貧弱なままで、実際に英語圏の人と話す時に困ります。二つ例を挙げます。

一つ目の例は、僕が生まれて初めて10分以上、英語圏の人と英語で話した、僕が大学生の時の出来事です。その人は僕に「『源氏物語』は、当時は女性だけが使っていた文字で書かれたそうだが、当時から現在までの男性の評価はどのようなものだったのか」と聞いてきたのです。僕は国語・日本史の授業で習って知っていたことを全て言いました。「『源氏物語』が現代でも読めるのは、それが書かれたのと同じ平安時代の、藤原定家という男性が高く評価して書き写してくれていたからで、その後も江戸時代の本居宣長や現代の谷崎潤一郎といった男性に高く評価されてきた」

二つ目の例は、第一部の第六章でふれた、グーグルの副社長のライアン氏との会話です。彼は、グーグルハングアウトという、インターネットテレビ電話システムの使い勝手について僕に聞いてくるという話だったので、僕はそのような話ができるように準備していたのですが、30分ほどの会話のほとんどが宮島についての話になりました。ライアン氏が「この後、宮島にいくので、宮島について教えて欲しい」と言ってきたのです。僕はやはり、自分が日本史の授業で習って知っていたことを全て言いました。「宮島の厳島神社の神は海の神で、平安時代末期の権力者であった平清盛は貿易船の安全を願って、平家納経という金箔で飾られた経をこの神社に奉納した」

二つの例に共通していたことは、僕と話した後、彼らがどちらも「あなたほど英語が上手な日本人はなかなかいない」と言ったことです。そんなはずはありません。客観的に見て、僕の英語の発音は現在でもそうよい方ではありませんし、今述べた二つの会話の際も、流暢と言うにはほど遠いたどたどしさでした。要は、彼らにとってはそのようなことはどうでもよく、僕が、彼らが聞いてきたことに対して、彼らが満足のいく内容の答えをしたことの方が重要だったのです。英語の早期教育を、他の教科を勉強する時間を減らして行おうとする人のほとんどが、このようなことを深く考えていません。

英語の早期教育のよくないやり方の二つ目は、会話の勉強をする時間を増やすために、読み書きの時間を減らすというものです。現在では、生徒が大学に入った後、どの学部であっても英語の論文の読み書きが普通に要求され、会話だけができてもほとんど意味がないからです。

バランスのよい勉強

以上述べてきたことを踏まえて、僕が生徒にどのように英語の勉強をしてもらっていたかを述べます。

まず、生徒に、英語圏の人が理解するのが難しい日本語を一つ示し、それを英語圏の人に説明するための簡単な英文を2、3個書いてもらいます。次に、それらを僕が添削し、単語や文法について必要な説明をします。その後で、僕が英語圏の人の役になって最初の日本語の意味を質問し、生徒がそれに応えるという簡単な英会話を行います。最後に僕が、生徒が話した英文を会話としてより自然にするためのアドバイスを生徒にします。

この方法のよいところは、英語の読み書きについての勉強と、会話についての勉強をバランスよく行えることです。僕は例えば、高校1年生の茶道部に所属していた生徒に「わびさび」という日本語を示してこの方法で勉強してもらったことがありますが、このような日本語の意味を英語圏の人に説明するには、この日本語がどのような使われ方をするかの具体的な例をいくつか挙げるしかなく、そのような具体例を探すことに慣れることは、英語で論文を書く時にも非常に役立ちます。このことについては第四章で、国語で論文を書く時の方法と併せて詳しく述べます。

僕の方法が、英語の読み書きと会話をバランスよく勉強できることの他の例として、英語の関係代名詞の使い方のことがあります。僕は、最初に生徒が書いた英文の添削の際には、関係代名詞としてthatだけを使うことや、関係代名詞を省略することを認めずに、生徒が関係代名詞に関する文法を理解しているかどうかを常に確認していましたが、その後、英会話をする段階では逆に、生徒がこれらのことを行うように要求していました。関係代名詞の使い方は、会話主体で勉強すると、書く時に読みにくい英文やくだけすぎた英文を書くことになることが多いので注意が必要です。

第二外国語

この章の最後に、生徒が大学に入った後の第二外国語の勉強について述べておきます。第二外国語として英語系の言語を選択するのであれば、その言語は日本語と対応させて勉強するより、英語と対応させて勉強する方がはるかに効率的です。

僕は、大学での第二外国語は中国語を選択したのですが、社会人になってから、フラメンコなどのスパニッシュギターにはまって、一時期スペイン語の勉強をしていたことがあります。その時は最初から西英辞典を使って勉強し、1か月ほどで入門用の教科書の文章は辞書なしでほぼ意味がとれるようになっていました。このような方法で第二外国語を効率よく勉強し、浮いた時間を、より時間のかかる、英語とはかけ離れた言語、例えば手話などの勉強にあてるのも面白いかもしれません。

秋山のつぶやき⓬

ヘビメタ

本文で、英語の早期教育を受けずに学校の勉強だけをしていても、通常の英会話には困らないということを述べましたが、僕自身に関しては補足しておくことが1つあります。それは、僕が中学生から大学生まで毎日1時間ほど、洋楽のヘビメタを聞いていたことです（笑）。ヘビメタはただでさえテンポの速い曲が多いのですが、僕は自分が超速ギタリストを目指していたこともあって、特にテンポの速い曲をよく聞いていました。これが英語を聞き取る力の向上に役立っていたかもしれません（笑）。

僕が塾で勤務していた時の同僚の英語講師で、僕よりはるかに英会話が上手な人がいたのですが、彼も早い時期からヘビメタの超速ツーバス・ドラマーを目指し、テンポの速い洋楽の曲を聞きまくっていたとのことです（笑）。僕が彼と話していると、塾で同僚の英語講師と話しているというよりは、スタジオでバンドのメンバーと話しているような気持ちになったものです（笑）。ちなみに、僕と彼が共通して生徒に薦めていたヘビメタバンドは、メタリカ、メガデス、カーカス、アーチ・エネミーなどでした（笑）。

第三章

数学・理科

数学と理科の関係性

この章では、数学と理科について、何をどのように勉強するかを具体的に述べます。数学と理科についてまとめて述べるのには二つの理由があります。一つ目は、数学と理科が密接に関係している学問だからです。理由の二つ目は、僕自身が、理科は中学生までにしか教えたことがなく、他の教科に比べて詳しい話ができないからです。

第二章で述べた英語と同じように、数学と理科についても早期教育が流行しており、僕も保護者からこれについてよく聞かれました。これらの早期教育の多くは、生徒の創造性を育んだり、天才を生み出したりすることを目標にしています。そして、ここで言われる、創造性を持った人物や天才の例として、早期教育をする側もそれを検討する保護者の側もほとんどの人が、アインシュタインをイメージしています。

ですので、ここではアインシュタインをもとに数学と理科の早期教育について考えてみたいと思います。アインシュタインをモデルにすると、天才とは「独創的な仕事をし、その仕事が社会に認められた人」と定義されるかと思います。そして、この定義の前半が天才の必要条件、後半が天才の十分条件ということになります。

天才の必要条件を満たすためには、確かに創造性を育む必要があります。しかし、僕はそのために何か特別なことをする必要はあまりないと思っています。ここで言う特別なこととは、幼児のころから数学的なパズルなどの特殊な遊具を使ったりすることです。僕自身は論理パズルなどが嫌いではありませんが、それが天才になるためにどうしても必要なことだとは思えません。創造性を育むために重要なことは、第二部の第二章で述べた「物事を抽象化・一般化したり、逆に具体化・特殊化したりすること」に慣れることで、これは学校などでの通常の勉強でも、勉強の方法さえ間違えなければできることだからです。

アインシュタインも、ニュートン力学という、それまでの物理学で支配的だった理論を勉強し、それが現実の観測結果とずれることから、相対性理論という新しい理論をつくり出しており、物事を抽象的に見たり具体的に見たりすることを繰り返していることに変わりはないのです。

僕は、天才の条件としては、今述べた必要条件より、十分条件の方が、満たすのが難しいと考えています。天才の十分条件を満たすには、独創的な仕事が社会に認められなければなりませんが、このことが、仕事をした本人が生きている間に実現するかどうかは、はっきり言って運の要素がかなり大きいです。独創的な仕事が、その仕事をした本人の死後かなり経ってから認められた例は、数学と理科の歴史に限ってもかなり多いです。

僕が、アインシュタインが偉いと思うのは、彼は特許庁で働きながら、自分の研究を、大学などの研究機関の専門家が評価してくれるまで続けたということです。このことから、天才の十分条件を満たすために人間が努力できることとして、独創的な仕事をしている人の周囲にいる家族や教師などがその人をサポートするということがあると思います。

しかし、アインシュタインについて考えた時、天才の十分条件を満たすために人間が努力できることとして、もう一つ重要なことがあります。それは、他の分野の人間と交流するということです。アインシュタインが物理学の相対性理論を完成させるために、数学の非ユークリッド幾何学（※1）を活用したことはよく知られており、彼が、数学者という、物理学者とは別の分野の人間と交流していなければ、相対性理論の完成は遅れていたに違いありません。

これは数学者の側から見ても同じことで、非ユークリッド幾何学が作られた時、数学者は、それが現実の世界の説明に非常に役に立つものだとは思っていなかったのです。第一章で文系と理系の区別の話をした際に、学問の学際化・総合化にふれましたが、このことは天才の十分条件を満たすための努力としても重要なことだと思います。ついでに述べておくと、非ユークリッド幾何学も、それまで支配的だったユークリッド幾何学の大前提をより抽象的に捉えなおすことから生まれており、ここでも、先ほど天才の必要条件の話をした際に述べた「物事を抽象化・一般化したり、逆に具体化・特殊化したりすること」が重要であったことが分かります。

注釈（※）

1　**非ユークリッド幾何学**　曲面上の幾何学。高校生などが勉強する平面上の幾何学がユークリッド幾何学。

勉強方法（数学）

次に、数学で何をどのように勉強するかについて、生徒が大学に入学したあとのことを視野に入れて具体的に述べます。ここでは数学Ⅲをとりあげますが、話がややテクニカルになるので、数学Ⅲに慣れていない人はテクニカルな部分は飛ばしで読んでも大丈夫です。

近年、高校で勉強する数学と大学で勉強する数学のギャップが問題になっています。ギャップの原因としては、よく言われる、高校生の学力の低下ということもあるとは思いますが、現代数学が凄まじいペースで発展し続けているということも重要だと思います。この本の「はじめに」で述べたように、僕は、多くの生徒と、彼らが大学生・大学院生・社会人になってからも交流を続けてきましたが、高校生の時に数学が得意だった生徒でさえ、大学・大学院の数学の勉強に苦労していることが多いからです。

数学という学問の発展を止めるわけにもいかないので、僕は、生徒が高校生の時に、現在勉強している内容より発展的な内容を勉強していくしかないと思います。数学Ⅲで言えば、現在の教科書では参考事項扱いになっている、マクローリン展開やオイラーの公式も正面切って勉強し、それに加えて、テイラー展開も勉強するべきだと思っています。

僕がこのように思うのは、それが数学の理解の仕方として自然だからです。マクローリン展開の式の三項目までは、現在の教科書でも近似式として勉強していますし、マクローリン展開からオイラーの公式を無理なく理解でき、オイラーの公式から直ちに、現在の教科書でも勉強している、三角関数の加法定理も導けます。何より、オイラーの公式は数学の深さの象徴になっていて、ごく自然に、美しいと感じられます。また、マクローリン展開はテイラー展開の特別な場合なので、マクローリン展開が理解できればテイラー展開も無理なく理解できます。

僕が数学Ⅲで、生徒が最も不自然な勉強をしていると思うのが、ロピタルの定理についてです。これも現在の教科書では参考事項扱いなのですが、生徒は「ロピタルの定理はテストの時、答案用紙に書く形で使ってはいけないが、他の解き方で解いて出した答えの確認には使ってよい」といった不自然な指導を受けていることが多いのです。

これには、ロピタルの定理を使って最初から楽をせずに、他の、有理化やはさみうちの原理といった方法をまず使いこなせるようにするという教育的配慮もあるとは思うのですが、不自然は不自然です。ロピタルの定理の証明には、現在の教科書でも勉強している平均値の定理を、同じく現在の教科書でも勉強しているロルの定理によって拡張したものを使うので、証明は無理なく理解でき、これも正面切って勉強するべきだと思います。

僕の経験では、高校3年生の生徒に今述べてきたことを丁寧に教えれば、ちゃんと理解してくれます。問題は、発展的な内容が生徒の理解力を越えているということではなく、高校3年生の終わりまでに、そこまで到達できる時間があるかということです。これに関して、二つのことを提案しておこうと思います。

一つ目は、生徒が高校の数学で勉強することの順番を変えて、時間を有効に使うということです。例えば、現在の教科書では、数学ⅠAで二次関数を勉強してから、数学ⅡBで微分法と積分法を勉強するまでに、いろいろなことを勉強しすぎで、この間の時間が長すぎます。二次関数をほとんど忘れたころにいきなり微分法を勉強しても、生徒は微分法の必要性がよく分からず、二次関数を復習する時間も含め、理解に無駄な時間がかかります。僕は生徒がこれらを連続して勉強できるようにしていましたし、同僚の数学講師にも同じ方法をとる人が多かったです。

僕の提案の二つ目は、同じ内容を勉強するにしても、生徒が短時間で理解でき、発展性もあるような、洗練された表現で教師が教えるということです。数学という学問は、同じ内容を様々に表現できるということが本質の一つですので、この点に関してはいくらでも工夫の余地があります。

例えば、現代数学の圏論（※2）の創始者として知られるマックレーンという数学者は、彼が書いた『数学―その形式と機能』という、数学の各分野同士の関係と、数学と物理学の関係を網羅的に検討した大著の中で、高校数学で勉強する三角関数の主要な概念の全てを数ページで分かりやすく説明したうえで、「標準的な初等三角法の記述が法外な長さにわたるのをつねとしていることは不思議な（そして馬鹿げた）ことである」と述べています。マックレーンは、現在の大学・高校で使われている教科書の用語法や編成に大きな影響を与えた、ブルバキという数学者グループのメンバーとしても知られていますが、圏論を創始したことで、ある意味でそれまでのブルバギの仕事を根本からひっくり返した人でもあります。これらのことから彼が、数学で同じ内容を表現する、より洗練された方法を追求し続けていたことがよく分かります。

注釈（※2）

2　**圏論**　現代数学の基礎となっている集合論よりさらに抽象性の高い理論。集合に属する要素を特定することにこだわらずに、集合と集合の関係である関数について考える。

勉強方法（理科）

この章の最後に、理科について何をどのように勉強するかを述べます。とは言っても、この章の最初にも述べたように、僕は、理科は中学生までにしか教えたことがなく、それもあまり得意ではありませんでした。そこで、僕が最も尊敬する理科の先生である、白倉茂生先生からお聞きした話をもとに考えてみます。

白倉先生は、中国電力の社長をされていた方で、僕が何度かお会いしてお話をうかがっていた時には、山口大学工学部の客員教授として大学生と大学院生を指導されていました。ある時、僕は白倉先生に、学生を教えるうえで何を一番大切にされているかを聞きました。白倉先生は、研究室で学生と理論について勉強したあと、必ず学生を、その理論が実践されている現場に連れて行くことだとおっしゃいました。現場では必ず理論通りにいかないことが起こっているので、それを知ることが学生にとって非常に勉強になるのだそうです。

このことは、先ほど創造性や天才について述べた時にふれた、物事を抽象的に見たり具体的に見たりすることを繰り返すことそのものだと思います。学校や塾の理科の授業では、実験など、生徒に理論と実践のずれを経験してもらう機会がなかなか取れないのが実状ですが、早い段階からこのようなことを多く経験できる勉強が、理科の勉強として望ましいものだと思います。

秋山のつぶやき⓭

天才研究者

僕は自分のことを天才研究者だと思っています。とは言っても「天才的な研究者」という意味ではなく「天才について研究する者」という意味ですが（笑）。僕は小さいころから読書が大好きで、いわゆる偉人の伝記をよく読んでいました。現在でも、様々な分野の天才と呼ばれる人についての本をよく読みます。そこから得た知識と、僕自身が生徒を教えた経験から分かったことを、本文でまとめました。

本文で、天才の十分条件を満たすために人間が努力できることとして、独創的な仕事をしている人の周囲にいる人が、その仕事をしている人をサポートするということを挙げましたが、このサポートとは結局「好きなようにさせて放っておく」ということに落ち着くことが多いようです（笑）。

僕は天才でも何でもないですが、1日に17時間を越えるような労働時間の合間をぬって、誰にも喜んでもらえない、訳の分からない詩や小説を書き続けてきました。当初は僕の健康を心配していた家族や友人も、今や完全に諦めて、僕の好きなようにさせて放っておいてくれています（笑）。僕は、このように他者を諦めさせる力がその人の「個性」だと思っていますが、書いた詩と小説にだけは構って欲しいです（笑）。

第四章

国語

本を読むこと

この章では、国語について何をどのように勉強するかを具体的に述べます。

僕が生徒の保護者と面談していると、特に、生徒に弟や妹がいる場合に、「勉強ができるようになるために小さいころから何をすればよいか」とよく聞かれました。僕は自分自身の経験から「本を読むことです」と答えていました。このように僕は、教科に関わらず、勉強とは本を読むことだと思っているので、国語の勉強についてはもうそれしかすることがないとさえ思っています。

ところが、僕が保護者に先ほどのように答えると、決まって返ってくる言葉は「どんな本を読めばよいか」というものでした。ここで注意すべきことがあります。このように言う保護者の多くは、生徒が読む本の冊数をなるべく少なく済むようにしたいと思っているからです。

確かに、世の中には「これだけは読んでおきたい100冊」といった感じの読書案内本が多いですが、これらの案内本が挙げている本はほとんどの場合、人類が読み続けてきた、あるいは、ある分野での議論の前提になっている、という意味での「古典」です。そして、古典を読む意味というのは、それを読んでいれば多くの人と話が合う、あるいは、それをもとに多くの人と議論ができるということで、ここでの「人」を「本」に置き換えて言えば、古典を読んでいれば他の多くの本が読めるということなのです。

要は、ここで僕が言う読書とは、読む本をどんどん増やしていく読書なのです。僕は、よい本というのは、読み終わった後に次の本が読みたくなるような本だと思っています。そして、この場合の「次の本」は、読み終わったばかりのその本自体でもよく、先ほど述べた古典の中には、読んだ人がその人の人生を通じて何度も読み直すことになる本も多いです。

生徒への本の薦め方

以上のような考えで、僕は勤務していた塾に図書室を作り、僕が生徒に薦める本を収めていました。そして授業や個別指導で、生徒に、そこに収めている本の面白さを紹介したりしていました。ところが、これらの本を全く読んでくれない生徒がほとんどだったのです。10ページくらいの短い文章を紹介するなど、いろいろ試してみてもダメでした。

そんなある日、個別指導中に、高校2年生の生徒が僕に、芥川龍之介が書いたよい話と、彼が自殺したことが、どうしてもイメージとしてつながらないと言ったのです。よく話を聞いてみると、その生徒は『杜子春』と『蜜柑』を学校の教科書で読んでいました。そこで僕は、芥川龍之介は『歯車』という、よい話とはとても言えないクレイジーな話も書いているから読んでみたら、と言って、塾の図書室に収めていた芥川龍之介全集の1冊を渡しました。すると、その生徒は『歯車』だけでなく、その1冊に収録された全ての作品を読んでから僕に本を返しに来たのです。

このことがあってから僕は、生徒に本を薦める時は、生徒が学校の教科書で読んだ作品に関係するもので、特に教科書に載っている作品のイメージを覆すようなものを紹介するようにしました。そしてこの方法で、本を読む生徒を少しずつ増やしていくことができました。

思えば僕自身も、この方法で本を紹介されるのと本質的には同じことを何度も経験していました。二つ例を挙げます。一つ目は、僕が高校生の時のことです。教科書の副読本か何かで入沢康夫さんの「未確認飛行物体」という短い詩を読み、面白いと思ったので詩集を図書館で借りて読むと、かなり長い詩が多く、しかも最初の詩のイメージとは全く違う凄い世界が展開されていたのに驚いたというものです。ちなみに、このことがきっかけで、僕は自分でも詩を書くようになりました。

二つ目は、僕が大学生の時のことです。英語の授業の教科書で、ジョイスの『ユリシーズ』の一部を英語で読み、変わった文章だと思って興味を持ち、『フィネガンズ・ウェイク』という他の作品も英語で読んでみたら、全く訳の分からない英語が延々と続く大長編で、ノーベル賞をもらった作家がこんなものを書いていていいのかと思ったというものです。

これは英語の読書の例ではないかと思った人がいるでしょうが、この、他の言語に翻訳することは絶対に不可能だと言われていた作品を、全て日本語に翻訳した柳瀬尚紀さんという人がいるのです。僕はこの日本語訳も読んだのですが、クレイジーさは元の英語を越えています。興味を持った人はぜひこの日本語訳を読んでみてください。僕がこれまでのキャリアで生徒に紹介した本の中で、最も多くの生徒が驚き、しかし遂に誰も真面目に読もうとはしなかった作品です。

先ほどの生徒ですが、『歯車』などを読んで芥川龍之介のイメージがかなり否定的なものになったようだったので、僕は、芥川龍之介が妻に書いたラブレターを読むことを薦めてみました。すると、この生徒の芥川龍之介に対するイメージは、やや肯定的になったようでした。僕は、このような体験は非常に大切なことだと思っています。このような体験から、人というものは多面性を持ち、変化するものだということを学ぶことができるからです。

この生徒の例から考えると、読書に慣れるまでは、自分が興味を持った作者の全集を読むというのがよいかもしれません。複数の作者の全集を読むと、さらに面白いことが起こります。Aという作者とBという作者はお互いを嫌っているが、Cという作者はその両者ともを好きだといった状況や、AとBはお互いを嫌っているが、両者ともCが好きであるといった状況によく出くわすのです。後者の例としては、大学入試でもその文章がよく出題される小林秀雄に影響を与えたシェストフが述べた、ニーチェとトルストイはお互いに相容れないが、両者ともドストエフスキーを尊重しているという指摘があると思います。僕は、これら二つのような状況が成立している時は、二者の争いを第三者の力で解決できる可能性が高いと考えており、生徒がこのような状況の具体例を多く知っていることは、必ず生徒の人生に役立つと思っています。争いの解決に関することは、第五章でも述べようと思います。

書くこと

この章の最後に、国語で文章を書くことについて述べます。

まず、国語で論文を書く方法ですが、これは、英語で論文を書く方法に大きな影響を受け、現在では、英語で論文を書く方法と同じ方法で書くのが普通になっていますので、ここではその方法について述べます。

まず、最初の文で自分の意見とその理由を書き、次のいくつかの文で、最初の文で述べた理由の部分を具体化し、最後の文で、最初の文で述べた意見の部分を繰り返します。どんな長さの論文でも、基本的にはこの流れだけで書くことができます。この方法のコツは、文章を書き始める前に、最初の文と最後の文の間のいくつかの文で行う、自分の意見の理由の部分の具体化についてよく考えておくことです。自分の意見の理由の具体例や具体的な数字が上手く挙げられない場合は、その理由で文章を書き始めるのは諦めて、他の、より具体化しやすい理由を考えた方がよいです。第二章で英語の勉強法として述べた、英語圏の人が理解しにくい日本語の言葉の具体的な使用例を探すことも、この具体化の作業と同じものです。後は、一文が長くなりすぎないように気をつければ、ほぼ問題のない論文になります。

次に、国語で論文以外の文章を書く時の方法ですが、これは書く人の好みでよいと思います。読書をしていると、自分が好きな作者に出会うと思いますので、その作者の文章の真似をするので十分だと思います。

秋山のつぶやき⓮

本泥棒

本文を読んで分かってもらえたと思いますが、僕は読書が大好きで、特に中学生になったころからたくさん読むようになり、それから現在まで、本を全く読まなかった日はほとんどありません。

この年季のおかげで、特に速読法などの訓練をしたことはないのですが、今では本屋に開店から閉店までいると、10冊くらいは普通に立ち読みで読み終わり、友人などには「万引きよりたちが悪い」とよく言われます（笑）。

しかし、一応言い訳しておくと、僕の場合、立ち読みで読み終わった本を買って帰ることがほとんどなのです。本文で述べた、同じ本を何度も読むという現象です。立ち読みしている間に「この本はまた読むことになる」と分かるのです。そもそも、面白くなければ、立ち読みで最後までは読みません（笑）。

第五章

社会

勉強方法（社会）

この章では、社会について何をどう勉強するかを具体的に述べます。

僕は大学で社会学を専攻していたこともあり、社会に関しては、高校社会で言うと、地理、日本史、世界史、現代社会、政治・経済、倫理の全てを教えていました。勉強は読書が中心で、第四章で国語の勉強法として述べたのと同様に、生徒が学校の教科書で勉強したことに関係する本で、特に、教科書で勉強したことのイメージを覆すような本を生徒に薦めていました。

ここでは、日本史、世界史、倫理についての本にしぼって話をしたいと思います。まず、日本史、世界史という歴史についての本をとりあげる理由ですが、これらの本には地理の話も含まれていることが多く、歴史についての本を読んで歴史の知識を得た後の方が、現代社会、政治・経済についても理解しやすいからです。

また、倫理についての本をとりあげる理由は、僕が宗教についての勉強を重視しているからです。僕が、宗教についての勉強が重要だと思う理由は二つあり、一つ目は、生徒が大学入学後、実際に世界中の様々な人々に出会う機会が増えた時に、それらの人々が信仰する宗教についての理解が非常に大切になってくるということです。宗教についての勉強が重要な理由の二つ目は、そこから人間の知性について大切なことが分かるということです。

日本史、世界史

まず、日本史、世界史についての本ですが、僕が生徒によく薦めていたのは、イアン・トールという人が書いた『太平洋の試練―真珠湾からミッドウェイまで―上・下』、タミム・アンサーリーという人が書いた『イスラームから見た世界史』、宮本正興さんと松田素二さんが編集した『新書アフリカ史』、岡田英弘さんが書いた『世界史の誕生―モンゴルの発展と伝統』などです。

1冊目の本は、太平洋戦争の真珠湾攻撃からミッドウェイ海戦までの歴史をアメリカ側の視点から記述したものです。2冊目と3冊目の本はどちらも、世界史をヨーロッパにとっての他者の側の視点から記述したものです。4冊目の本は、世界史を定住民ではなく遊牧民の側の視点から記述したもので、東洋史と西洋史の区別そのものを乗り越えようとしています。いずれにも共通するのは、学校の教科書とはかなり異なる視点から歴史を記述しているということです。

僕がこれらの本を生徒に薦めたのは、生徒の歴史認識が、世界中の人々の歴史認識と異なることを知ってもらいたかったからです。と言っても、世界中の人々と話し合って歴史認識を一致させようという話ではありません。全く逆で、世界中の人々の歴史認識は一致しようがないということを認めようという話です。さらに、人間は歴史を通じて、自分と異なる他者を、見ないふりをしたり、暴力で排除したりすることを繰り返してきましたが、どの時代の人間もそれを完全に遂行することは、結局はできなかったということを知ってもらいたかったのです。

近年、世界中で、寛容の名を騙った無関心や、他者を暴力で排除しようとする傾向が再び強まってきているように思いますが、人間はもうそれには疲れ切ったはずなのです。そもそも、近代的な寛容の精神は、近世ヨーロッパで、人々が宗教戦争でお互いを殺し合うことに疲れた時に生まれた、疲労の産物だったはずです。僕は生徒に歴史を教えることで、生徒にそれを伝えたいという思いが強かったです。

倫理

次に、倫理についての本ですが、これについては今でも忘れられない生徒がいます。カトリックの学校で、倫理の授業で聖書を詳しく読んでいたこともあってか、倫理が大好きだという珍しい高校3年生の生徒を教えたことがあるのです。僕はその生徒に、まずは世界三大宗教と言われる、キリスト教、イスラム教、仏教それぞれの聖典を読んでみたら、と言って、その生徒に井筒俊彦さんが訳した『コーラン』と中村元さんが訳した『スッタニパータ（ブッダのことば）』を貸したのです。

これらを読んだその生徒の感想が面白かったのです。その生徒は、自分は日本人だから、世界三大宗教の中では仏教に一番詳しいと思っていたが、三つの聖典を読むと、仏教が一番、自分の持っていたイメージと違ったと言うのです。そこで僕は、仏教はインドから中国、朝鮮、日本と伝わる間にかなり変化し、特に日本の仏教については、学者によっては「もはや仏教ではない」と言う人もいるくらいだということを話しました。

その後、その生徒は、日本に独特の仏教の代表である浄土仏教や禅仏教について知るために、僕から、親鸞の弟子の唯円が書いた『歎異抄』と、世界に日本の禅仏教を英語で発信した禅僧である鈴木大拙の書いた『無心について』を借りていったのです。この生徒とのやりとりは、僕の15年のキャリアの中で、理想的な勉強が実現した、最も美しい授業だったと思います。と言うのは、宗教についての勉強もこの辺りまでくると、人間の使う言語、つまりは知性の主な働きの本質に迫ってくるからです。

倫理の勉強に関して最後に、宗教と人間の知性の関係について述べます。宗教について勉強することにはもちろん、世界中の人々の信仰や価値観を知っておいて、先ほど述べた、寛容の精神を養うという意味もありますが、僕は、宗教について勉強することは、人間の知性の本質について知ることだと思っています。そしてこれは、特定の宗教を信仰しているかどうかに関わらず、誰にとっても大切なことだと思います。

僕自身は特定の宗教を信仰していませんが、人間の歴史を通じて、宗教を信仰している人々が、彼らにはその時点では「言葉にしにくいもの」や、彼らにはそもそも「言葉にできないもの」について語り続けて来たことには大きな意味があると思っています。宗教についてあまり深く考えたことのない人の多くが、「言葉にできないもの」について語ることは矛盾で、だから無意味だと言うのですが、僕は、人間がその矛盾した行動をこれまで遂に止めることができなかったというところに、人間の本能が表れていると思うのです。

それは、今の自分では「言葉にできないもの」があるという事実そのものを忘れないようにしようという本能です。そして、人間のこのような、自分の知性に対する謙虚さの本能こそが、人間の知性の本質なのだと思います。僕が生徒に勉強を教えてきた中で、これが生徒に伝わっていたら、僕の仕事は成功だったと思っています。

秋山のつぶやき⑮

祈り

本文で述べたように、僕は特定の宗教を信仰しているわけではありません。ふだん様々な宗教の本を読んでいるので、よく誤解されますが（笑）。神様に祈るといったことも、これまでは1年の間に、初詣に自分の健康を祈ることと､生徒の合格祈願をすることの2回だけでした。しかも、そのどちらも真面目に祈っていませんでした（笑）。自分の健康状態は常に悪くて諦めていましたし、生徒は僕が教えたのだから合格するに決まっていると思っていたからです（笑）。

ただ、最近になって、本文でも述べた、他者を暴力で排除しようとする傾向が社会に高まっているのを感じ、僕が教えた生徒が殺されたり殺したりしないようにと真面目に祈るようになってきました。これまで真面目に祈ることなどなかった僕が、真面目に祈るようになったということ自体が不思議なことで、宗教を信仰している人なら､「それこそが宗教的回心の体験だ」と言うかもしれません。僕は自分で思っているよりは宗教的なのかもしれません(笑)。

おわりに

この本の最後に、僕が15年のキャリアを終えた時点で持っていた、理想の教師像について述べたいと思います。

僕が思っていた理想の教師とは「生徒が勝手に勉強する教師」です。僕も含め、多くの教師が「生徒に勉強させる教師」になっていたことの反省から、そのように思うようになりました。そもそも教師が生徒に勉強を強制するから生徒が勉強しなくなったのに、それを教師があの手この手で勉強させようとするのはマッチポンプにすぎません。

教師と一緒にいる生徒が勝手に勉強するようになるには、教師が生徒から「凄い」と思われ、「自分もこの先生のようになりたい」と思われるのが一番です。しかし、教師の場合、教師の得意分野が勉強や学問で、他のことではないということに難しさがあります。

このことを、僕自身の経験から説明します。僕が生まれて初めて「この先生は凄い」と思ったのは、僕が小学生のあいだ通っていた剣道道場の先生でした。川頭先生と言って、当時剣道八段で、警察官にも剣道を教えていました。僕が剣道の大会に出た時、ふだん冗談ばかり言っている川頭先生が大会の開会式で審判部長の席に座り、しかも堂々と居眠りしていた時は、いろいろな意味で驚きました。

しかし、僕が川頭先生を凄いと思ったのは、そういう偉さからではなく、川頭先生と実際に剣道のかかり稽古をした時の感覚からです。その道場には、川頭先生の人徳で、剣道四段・五段の他の先生がごろごろいて、生徒より数が多く、それらの先生全てと何回も当たるかかり稽古は僕には大変だったのですが、それを何年か続けるうちに、他の先生からは感じない「恐さ」を川頭先生から感じるようになったのです。川頭先生に打たれる時だけは「いつ来るか」が分からないのです。他の先生に打たれる時は「来る!」「バシッ!」「うわ!」という感じでしたが、川頭先生に打たれる時は「バシッ!」「うわ!」という感じだったのです。僕自身が、これが恐かったので、憧れて同じことができるようになりたいとは思いませんでしたが、この時に、言葉では上手く言えないが体感できる凄さがあることを知りました。

僕は川頭先生のこの恐さの正体がその後もずっと気になっていましたが、プロの総合格闘家の菊野克紀さんと何度かお会いして話すうちに、少し言葉で説明ができるようになりました。菊野さんは、川頭先生の打撃は、予備動作が少ないのではないかと言ったのです。人間は相手の次の行動を予測するために、その予備動作の情報を無意識レベルで数多く捉えており、武術ではそのレベルでの情報をなるべく出さないようにすることを目指すとのことでした。菊野さん自身が沖縄空手の修行でそれを追求していて、僕は実際に菊野さんに、菊野さんと向かい合って立って、菊野さんが片手を僕の肩に乗せた状態から、僕を後方に吹き飛ばしてもらったことがあります。これにも川頭先生の凄さと似た凄さを感じました。

スポーツや楽器の演奏などの、身体を使うことを生徒に教える人は、先ほど述べたような、言葉では上手くいえないが体感できる凄さを生徒に感じさせることができ、生徒が「自分もこの人のようになりたい」と思うようになりやすいと思います。しかし、勉強を生徒に教える教師には、このようなことはまず不可能です。勉強は言葉を使って行うことがほとんどで、生徒が教師のことを凄いと思うには、生徒自身の勉強がある程度進んでいる必要があるからです。

僕は、勉強を教える教師が生徒に凄いと思ってもらうためには、教師自身が勉強し続ける姿を生徒に見せるしかないと思っています。「自分には全く楽しいと思えない、何の意味があるのかさえ分からない勉強を、いい大人が続けている、しかも何だか楽しそうに。そんなに楽しいのなら自分もやってみるか」、生徒にこのように思ってもらうことから全てが始まるのではないでしょうか。第三部の第三章でお名前を挙げた白倉先生は、77歳で工学の博士号をとり、これは山口大学での最高齢記録です。この本では、僕自身が生徒の立場で、勉強に関するこのような感銘を受けた人については、全て名前を挙げて詳しく述べています。

僕自身は理想の教師を目指す道半ばでこの仕事を止めることにしましたが、同じような努力をしている他の人にはぜひ目標を追求し続けて欲しいです。

最後になりましたが、僕が生徒に勉強を教える仕事をしている間に出会った、生徒・保護者・同僚をはじめとする全ての人に感謝します。そして誰よりも、いつも僕のすることを穏やかに見守ってくれたまみちゃんに感謝します。これらの人との出会いがなければ、この本を書くことはできませんでした。

秋山夕日

大阪府生まれ。ラ・サール中学校、ラ・サール高校、東京大学文学部を卒業。広島で塾講師・予備校講師、IT 企業総合戦略室長、フリーの家庭教師として 15 年間、生徒に勉強を教え続ける。キャリアを通じて教える教科と教える学年を広げ続け、最終的には高校理科を除く全ての教科を小学生・中学生・高校生・浪人生に一人で教える教師に。現在は詩人・作家。趣味は読書・ギター・数学。数理社会学会会員。こつこつと数学に関する博士論文を執筆中。

■装幀／スタジオギブ
■本文 DTP ／濵先 貴之
■編集／小谷 真理子

勉強

二〇一七年一二月一八日　初版第一刷発行
二〇一八年一月一四日　初版第五刷発行

著　者　秋山夕日
発行者　西元俊典
発行所　有限会社　南々社
広島市東区山根町二七－二　〒七三二－〇〇四八
電　話　〇八二－二六一－八二四三
ＦＡＸ　〇八二－二六一－八六四七
振　替　〇一三三〇－〇－六二四九八

印刷製本所　モリモト印刷　株式会社

ISBN978-4-86489-076-2